일본에서
가장 수익률
높은 공장
에이원 이야기

이 도서의 국립중앙도서관 출판시도서목록(CIP)은 e-CIP 홈페이지(http://www.nl.go.kr/ecip)와
국가자료공동목록시스템(http://www.nl.go.kr/kolisnet)에서 이용하실 수 있습니다.
(CIP제어번호: CIP2011000652)

일본에서
가장 수익률
높은 공장
에이원 이야기

지은이 **제9회 기업가상 수상자 우메하라 가쓰히코** — 옮긴이 **양영철**

센시오

마치코바(町工場)는 동네 공장이라는 뜻으로 모노즈쿠리,
즉 제조업 강국 일본을 설명할 때 빠지지 않는 단어이다.
대규모 공장은 시외에 위치하는 데 반해
소규모 공장은 시내에 위치하는 경우가 많다.
그래서 마치코바, 즉 동네 공장이라는 이름으로 불린다.

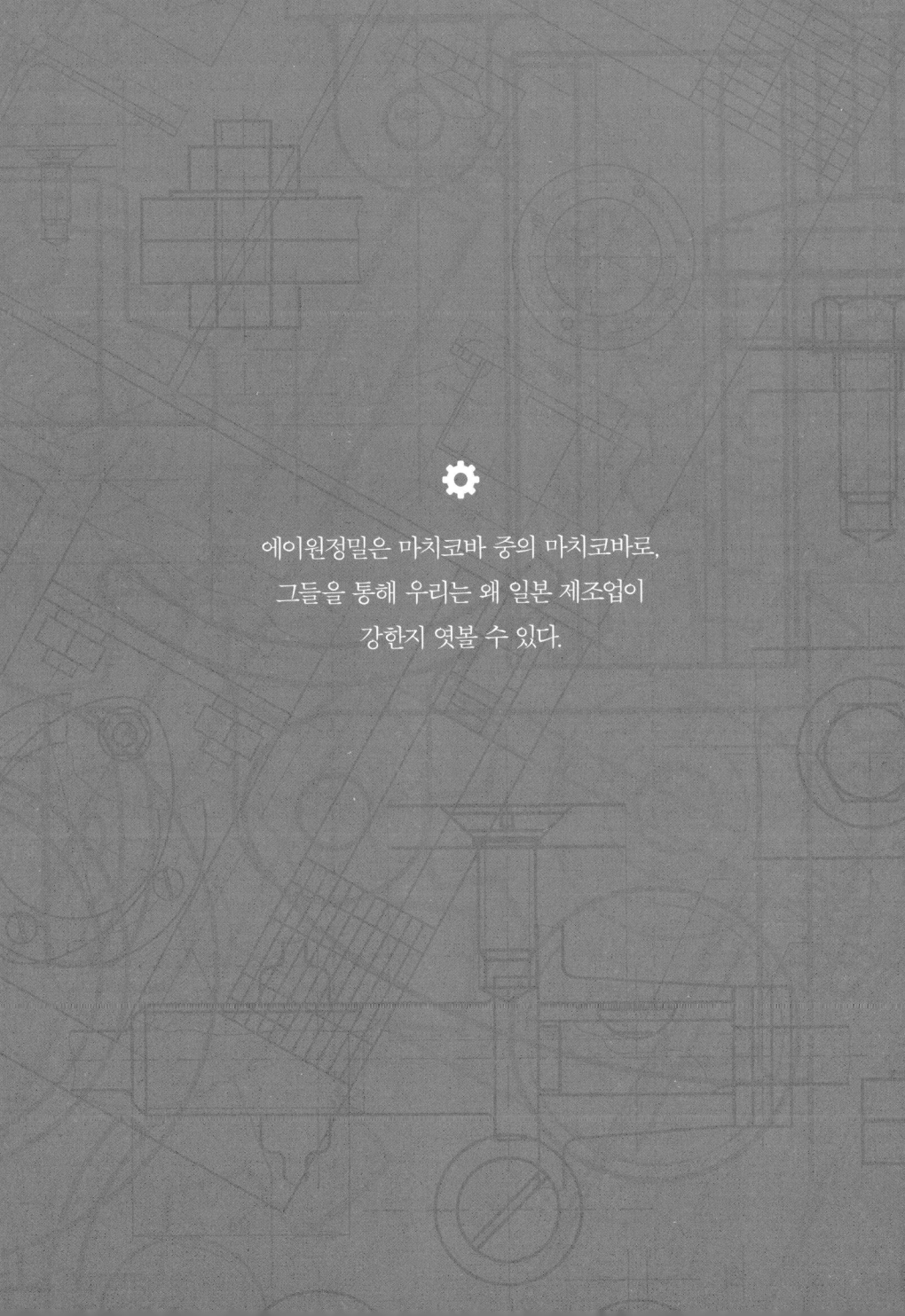

에이원정밀은 마치코바 중의 마치코바로,
그들을 통해 우리는 왜 일본 제조업이
강한지 엿볼 수 있다.

"에이원정밀은 남들이 하지 않는 틈새전략을 통해
매년 35%가 넘는 경상이익률을 유지하고 있다."

_대한상공회의소 〈경쟁력 강화를 위한 5대 전략〉

숫자로 보는 마치코바 에이원 이야기

0 에이원은 창업 이후 단 한 차례도 제품 가격을 올리지 않았다.

1 에이원은 수주에서 납품까지 짧으면 하루,
길어도 3일 이상 걸리지 않는다.

9 에이원의 CEO 우메하라 가쓰히코는 제9회 일본 기업가상을 수상했다.

35 에이원은 경상이익률이 35% 밑으로
떨어진 적이 없다.

에이원의 창업자 우메하라 가쓰히코가
CEO로 활동한 기간이다. **37**

에이원의 37년간 경상이익률의 평균이다. **41.5**

60 에이원 주력 상품(콜릿 척)의 시장 점유율이다.

90 에이원이 처음 뛰어든 캠 시장의 최대 점유율이다.

에이원의 직원 수이다. **100**

에이원의 거래처 수이다. **13,000**

"일본에는 세계적인 고수익 기업이 수두룩하지만
연 20~30%의 경상이익률을 거두는 기업은 닌텐도 등
극소수에 불과하다. 이런 점에서 에이원정밀은
천연기념물에 가까운 기업이다."

_동아일보 〈세계 최강 동네 기업〉

에이원정밀 실적 추이

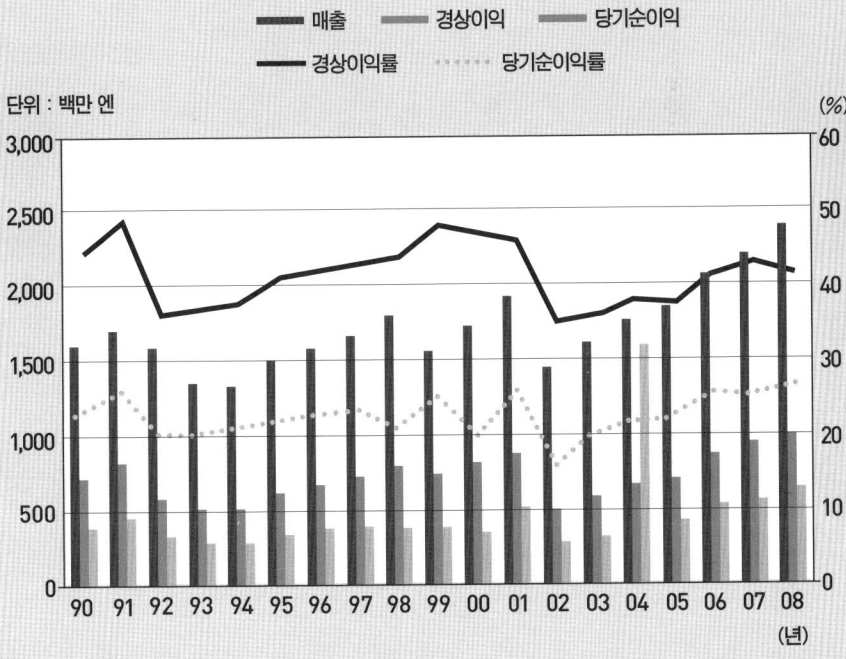

단위 : 백만 엔

매출 ■ 경상이익 ■ 당기순이익

경상이익률 ⋯⋯⋯ 당기순이익률

(%)

3,000 — 60
2,500 — 50
2,000 — 40
1,500 — 30
1,000 — 20
500 — 10
0 — 0

'90 '91 '92 '93 '94 '95 '96 '97 '98 '99 '00 '01 '02 '03 '04 '05 '06 '07 '08

(년)

"우메하라 씨, 비결이 뭡니까?"

1970년 9월 오사카에서 열린 만국박람회로 전국이 떠들썩하던 그때, 나는 도쿄 서부에 '에이원정밀'이라는 작은 공장을 세웠다. 그로부터 37년이 지난 2007년 9월까지 나는 창업주이자 사장으로서 이 작은 공장을 운영해 왔다.

나는 학력이 그리 높지 않다. 경영 수업을 따로 받은 적도 없다. 단지 직원들과 함께 매일 작업복을 입고 기름을 뒤집어쓰며 땀 흘려 일했을 뿐이다.

하지만 나에게는 한 가지 자랑거리가 있다. '에이원정밀'이라는 회사를 일본에서 가장 수익률이 높은 공장으로 키워냈다는 사실이다.

'에이원정밀'에서 생산하는 주력 상품은 자동선반의 부품인 '콜 릿 척(collet chuck)'이다. 이 콜릿 척 시장에서 압도적인 점유율을 차지하고 있는 회사가 에이원정밀이다. 콜릿 척 사업에 뛰어들기 전에는 '캠'을 주력으로 생산했는데 이 캠 시장에서도 에이원정밀 은 시장 점유율 1위를 달린다.

중간에 주력 제품이 바뀌었음에도 불구하고 에이원정밀은 창업 때부터 37년 동안 꾸준히 35%의 경상이익률을 올렸다.

물론 위기가 없었던 것은 아니다. 석유파동, 엔고로 인한 불황 과 버블 붕괴 등 크고 작은 파도가 밀려왔다. 하지만 우리는 단 한 차례도 경상이익률이 35%를 밑돈 적은 없다. 37년간 경상이 익률의 평균은 41.5%에 이른다.

또한 2003년에는 자스닥 증권거래소에 상장했다. 에이원정밀은 소규모 동네 공장, 즉 마치코바 가운데 유일하게 상장한 곳이다.

종종 사람들은 묻는다.

"우메하라 씨, 비결이 뭡니까? 어떻게 이런 소규모 공장이 불황 에도 끄덕하지 않고 매년 높은 경상이익률을 낼 수 있습니까?"

글쎄, 답이 무엇이었을까?

나는 누구에게도 경영하는 법을 배운 적이 없다. 전부 혼자 연구하고 공부한 것이어서 어쩌면 내 이야기가 이상하게 들릴지 모르겠다. 그러나 분명한 것은 나는 이 방법으로 성과를 거뒀다는 사실이다.

"이익에 집중한다. 불황에 투자한다."

방법을 알기는 어렵지 않다. 다만 37년간 하루도 거르지 않고 어떻게 실천할 것인가 하는 것이 문제이다.

우메하라 가쓰히코

contents

6장 나는 경영자의 자격을 갖춘 사람인가

7장 모노즈쿠리의 부활을 위하여

1장

37년 연속
경상이익률 35%의 비밀

회사를 설립하자마자 석유파동(1970년)이 터졌다.

플라자 합의(1985년)에 따른 엔화 절상으로

갑작스런 불황이 닥쳤고, 이어서 버블 붕괴(1990년대)마저

찾아왔다. 최근 몇 년간은 디플레이션의 영향으로

대기업의 가격 인하 요구가 거세졌다.

그러나 우리는 계속해서 고수익을 거두었다.

01

목숨 걸고
기본을 지키는 회사

37년 연속 35%의 경상이익률을 달성한 회사가 있다고 하면 당신은 이런 회사를 상상할지 모른다.

"합리적으로 경영되는 인터넷 혹은 IT 관련 회사"

"젊고 유능한 인재들이 치열한 경쟁을 뚫고 입사하는 회사"

"강력한 마케팅 능력을 보유하고, 탄탄한 재무전략으로 고수익을 창출하는 회사"

생각만 해도 부러워지는 그런 근사한 기업을 떠올렸는가.

내가 2007년 9월까지 경영한 주식회사 에이원정밀은 최첨단 하이테크 기업도 아니요, 인수 합병을 통해 규모를 키워온 IT 기업도 아니다. '정말?' 하고 반문할지 모르지만 에이원정밀은 공작기계 부품을 가공하는 마치코바, 즉 동네 공장이다.

우리 회사는 규모가 작은 일개 마치코바에 불과하지만 주력 상품인 콜릿 척(collet chuck) 분야에서 60%의 시장 점유율을 차지하고 있다. 해외까지 포함하면 1만 3천여 개의 회사와 거래하고 있으며 자스닥(일본 장외증권 거래 시장)에도 상장했다. 창업 이래 37년 동안 경상이익률은 35% 밑으로 내려간 적이 한 번도 없다.

넉넉한 자금이 있어서 시작한 회사는 아니다. 자금력이 풍부한 모회사가 뒤에서 버텨준 것도 아니다. 나는 없는 돈으로 회사를 차렸다. 기다렸다는 듯이 경기도 나빠졌다. 회사를 설립하자마자 석유파동(1970년)이 터졌다. 플라자 합의(1985년)에 따른 엔화 절상으로 갑작스런 불황이 닥쳤고, 이어서 버블 붕괴(1990년대)마저 찾아왔다. 최근 몇 년간은 디플레이션의 영향으로 대기업의 가격 인하 요구가 거세졌다.

그러나 우리는 계속해서 고수익을 거두었다.

우리는 기본기가 튼튼했다. 그래서 장기적으로 고수익을 달성할 수 있었다. 우리는 기본을 지키는 데 있어서는 주먹구구식 동네 공장이 아니었다.

제조업의 기본은 뭘까? 높은 품질, 적정한 가격, 짧은 납기이다. 우리는 이 세 가지의 기본을 우직하게 실천했다. 밭을 가는 소처럼 말이다. 소 한 마리가 쟁기를 짊어지고 꽁꽁 얼어붙은 땅 위에 서 있다. 소라고 어찌 힘들지 않겠는가. 그러나 소는 뜨거운 콧김을 훅훅 내뿜으며 거친 땅을 묵묵히 간다. 우리도 그렇게 했다. 그 결과 마치코바, 즉 동네 공장으로는 처음으로 증권시장에 상장했다. 게다가 37년 연속 경상이익률 35%를 달성했다.

다시 말해 이 세 가지에 소홀한 기업은 설령 대기업이더라도 지속적으로 이익을 거두지 못한다. 가격만 해도 그렇다. 일을 따내기 위해 가격을 뚝 떨어뜨리는 기업들이 종종 눈에 띄는데 그렇다면 도대체 어디서 이익을 남길 것인가. 품질이 떨어지는 제품을 만드는 것은 더더욱 용납할 수 없는 일이다. 고객은 언제나 최고의 품질을 원한다. 납기일도 마찬가지. 납품이 제때에 이루어지지 않으면 엄격한 공정관리도 부질없다. 고객은 곧 여러분의 회사를 외면하고 다른 기업으로 고개를 돌릴 것이다.

물론 기본을 지키는 일은 귀찮고 번거롭다. 그러나 만일 내가 37년 전으로 돌아가더라도 나는 이 번거롭고 귀찮은 일을 매일 하루도 빠지지 않고 성실히 지켜갈 것이다. 그렇게 일하는 가운데 장기적인 고수익이 가능하다는 사실을 잘 알기 때문이다.

"목에 칼이 들어와도 기본만큼은 반드시 사수한다!"

그 외에 다른 비결을 나는 모른다.

납기일로 승부를 걸다

한동안 우리 회사를 둘러싸고 이상한 소문이 돌았다. 이름만 대면 다 아는 어느 대기업의 간부가 그 소문의 진상을 확인하기 위해 이곳 시골마을까지 방문한 적이 있었다. 그 간부는 다짜고짜 이렇게 물었다.

"도면을 보여주면 제품을 자동으로 제조하는 기계를 쓰신다면서요?"

요컨대 기술자 없이 도면만 가지고 자동으로 제품을 만드는 기계가 있느냐는 소리였다.

물론 그런 기계는 없었다. 다만 그런 소문이 날 만큼 에이원정밀은 수주에서 납품까지 걸리는 시간이 매우 짧았다.

나는 창업 이래로 빠른 납기만큼은 철저히 지켜왔다. 그 덕분에 바닥에서 시작한 우리 사업은 주력 상품인 콜릿 척의 경우 국내 시장의 60%, 캠은 90%까지 시장 점유율을 확대했다.

사람들이 빠른 납기를 신기해하는 이유는 주문품의 형태와 크기가 다 제각각이기 때문이다.

캠이란 자동선반의 회전축에 부착해 운동방향을 조절하고 칼날을 제어하는 장치다. 콜릿 척은 자동선반의 회전대에 설치하여 가공 대상물을 고정시키는 금속 장치다. 그런데 이 둘은 미리 만들어놓을 수 없다. 발주자가 사용하는 자동선반이나 그 자동선반으로 가공하는 대상물에 따라 크기와 형태가 달라지기 때문이다. 따라서 도면이 들어오기 전까지는 작업을 개시할 수 없다. 그럼에도 우리는 마치 미리 만들어놓은 것처럼 금세 납품을 마친다.

내가 납기에 집착하게 된 이유는 다른 부분, 즉 품질과 가격으로는 경쟁을 벌이기 힘들다고 판단했기 때문이다.

예컨대 품질 면에서 이미 업계에서 최고의 평가를 받는 기업들이 있다. 이들을 뛰어넘기란 생각만큼 만만치 않다.

가격을 낮춰서 경쟁에 뛰어드는 문제는 조금 더 심각하다. 자금력이 풍부한 대기업들이 가격 인하 경쟁에 뛰어들면 체력이 약한 신규 참여 기업은 도저히 견딜 재간이 없다. 더구나 가격을 깎아서는 이익을 남길 수 없다.

좋은 품질, 싼 가격. 보통은 이 두 가지를 두고 경쟁을 벌인다. 그러나 내게는 둘 다 힘겨운 싸움이 예상되었다. 동시에 나는 어차피 할 일이라면 그 분야에서 꼭 정상을 차지하고 싶었다.

몇날 며칠의 고민이 이어졌다. 어떻게 하면 인지도도 낮고 실적도 높지 않은 후발기업이 정상에 설 수 있을까 생각에 생각을 거듭했다. 그렇게 해서 얻어낸 결론이 짧은 납기였다.

어떤 고객사에서도 '천천히 납품해주세요' 하고 말하지 않는다. 설령 그런 회사가 있더라도 경쟁에서 도태되어 살아남지 못할 것이다.

백이면 백, 고객사에서는 한시라도 빨리 완성품을 받고 싶어 한다. 그렇다면 경쟁사와 비교해도 절대 떨어지지 않는 품질에, 가격도 적당한 제품을, 그 누구보다 가장 빨리 납품한다면 승산이 있으리라 판단했다. 요컨대 다른 기업이 싼 가격으로 고객사의 돈을 절약해준다면 우리는 빠른 납기로 고객사의 시간을 절약해주는 셈이다. 돈이 아무리 많아도 시간을 살 수는 없는 법. 그렇지만 시간으로는 돈을 만들 수 있다. 따라서 돈이 아닌 시간이 승리를 거둘 것이라고 생각했다.

'좋은 물건을, 적정가에, 빠르게'

이 세 가지가 비즈니스의 기본이자 나를 정상으로 인도해줄 사다리였다.

짧은 납기의 이점은 여기서 그치지 않았다. 납기가 짧다는 말은 그만큼 1개를 생산하는 데 걸리는 시간이 줄어든다는 말이다. 그러므로 납기가 반으로 줄면 하루 생산량은 두 배가 된다. 만일 단가가 같다면 이익 역시 2배가 된다. 짧은 납기는 고객사의 시간도 절약해주지만 우리의 시간도 아껴주는 효과가 있다.

그래서 지금까지 납기일만큼은 목에 칼이 들어와도 지키려고 애를 썼다. 덕분에 지금은 '짧은 납기'가 에이원정밀의 대명사가 되었다.

'도대체 얼마나 빠르게 납품하기에?'

궁금한가. 당사보다 규모가 큰 회사에서는 보통 콜릿 척 수주에서 납품까지 짧으면 1주, 길면 2주가 걸린다. 하지만 우리는 보통 1일, 늦어도 3일이면 납품이 완료된다. 당일 오후 3시까지 들어온 주문의 70%는 그날 안으로 제조하여 발송한다. 주문의 100%를 당일 제조, 배송하는 것도 가능하다. 그러나 다음날 오전 중에 일이 없을 것을 감안하여 급하지 않은 일은 30% 남겨둔다.

우리 공장이 정신없이 돌아갈 것이라고 상상했는가. 그러나 정반대다. 우리는 늘 여유 있게 작업을 진행한다. 덕분에 퇴근 시간이 임박하여 '부품이 고장 났다. 어떻게 해서라도 오늘 중으로 제작해 달라'는 주문이 들어와도 얼마든지 처리할 수 있다. 다른 회사에서는 절대 불가능한 얘기이다.

또한 우리는 대기업처럼 거드름을 피우지 않고 소량의 주문도 기꺼이 받는다. 단 한 개의 주문이라도 말이다. 물론 특별 주문의 경우는 하루 안에 완성하기 어렵다. 그럼에도 불구하고 타사와 비교하면 엄청난 속도로 납품이 이루어진다.

중요한 것은 빠른 납기를 앞세운다고 해서 다른 요소를 희생시키지 않는다는 점이다. 품질을 포함해 고객의 다양한 니즈를 동시에 만족시킬 수 있기 때문에, 그리고 타사가 결코 따라올 수 없는 빠른 납품을 실현하고 있기 때문에 에이원정밀은 고수익 기업으로 자리를 지켜왔다.

일을 잘한다고 해서
이익이 나는 것은 아니다

　경영자는 이윤을 추구하라고 있는 사람이다. 이익을 올리려면 이익에 집중해야 한다. 그런데 중소기업 경영자 대부분은 이익에 대해서 착각하고 있는 것 같다. 그들은 일을 잘해야 이익이 발생한다고 믿는다.

　대부분의 중소기업 제조업체들은 대기업의 하청업체다. 이 대기업들은 잊을 만하면 환율이 떨어져서 수출이 어렵다는 둥, 불황 때문에 장사가 안 된다는 둥 갖은 이유를 대며 가격 인하를 요구한다. 특히 최근에는 중국의 저렴한 인건비를 들먹이며 그 가격에 맞춰 달라고 무리한 요구를 하기도 한다.

대기업의 요구에 일일이 장단을 맞추다 보면 공장은 비록 24시간 풀가동하게 될지 몰라도 직원들 급여나 상여를 낮추게 되고 동시에 감가상각비도 책정하지 못하게 된다. 피눈물 나는 노력을 투입한 끝에 쥐꼬리만 한 이익을 거두었지만, 과연 이 이익을 정당한 이익이라고 할 수 있을까.

하루에 8시간을 가동해서 10년을 사용할 수 있는 기계가 있다고 치자. 만약 이 기계를 24시간 풀가동하면 5년도 되기 전에 새로운 기계로 갈아치워야 한다. 그러나 감가상각비의 예산을 편성할 수 없는 사정이라면 기계 교체 비용은 도대체 어디에서 구한다는 말인가.

급한 불부터 끄고 보자는 식으로 대처해서는 곤란하다. 당장 손가락을 빠는 일은 면할 수 있을지 몰라도 위기는 눈덩이처럼 불어난다.

그렇다면 정당한 이익을 내기 위해서 어떻게 해야 할까?

손해를 볼 것 같은 일은 시작조차 하지 말아야 한다. 어떤 상황에서도 적정한 가격을 유지하는 것이 중요하다.

지금 내가 말하는 '적정한 가격'에는 우선 재료비나, 최선을 다한 종업원의 노동력에 대한 대가(급여)는 기본적으로 포함되어야 하며 나아가 다음 세대의 기술자 육성을 위한 비용, 설비투자자금 등이 제대로 반영되어야 한다. 일한 만큼의 대가가 제대로 지급되지 않으면 직원들로서는 일할 맛도 안 나고, 그런 회사에서는 유능한 인재가 탄생할 리 없다. 또한 설비투자를 소홀히 하면 최신설비를 갖춘 경쟁사와의 싸움에서 점차 뒤처지게 된다.

이 금액은 최소한의 비용만을 산정한 것이다. 회사를 유지하고 발전시키려면 이 금액에 충분한 이익이 더해져야 적정 가격이 된다.

시장 경기에는 반드시 파도가 있다. 호황이 끝나면 불황이 오고, 불황 뒤에는 다시 호황이 찾아온다. 길게 보면 호황과 불황의 연속이다. 이솝우화 〈개미와 베짱이〉처럼 호황에 이익을 넉넉히 거두어 언젠가 찾아올 불황에 대비해야 한다. 그렇지 않으면 장기간에 걸친 안정된 경영은 어렵다.

좋은 회사와 나쁜 회사의 차이는 불황기에 확연히 드러난다.

호황기에는 힘들이지 않아도 주문이 들어오고 매출이 상승한다. 그러나 불황기에는 아무리 열심히 뛰어다녀도 주문 한 건 받아오기가 하늘의 별 따기이다. 그러면 대부분의 경영자는 자금을 마련하기 위해 사방팔방 뛰어다니며 심지어 사원을 해고하기도 한다. 하지만 이는 불황기에 대처하는 최악의 자세이다.

불황기는 다음 호황기를 준비하는 절호의 기회이다. 이때 공장

설립과 기계 매입 등을 실행에 옮겨야 한다. 불황기에는 은행이 회사를 찾아다니며 융자를 권한다. 자금 마련이 수월할뿐더러 금리도 저렴하다.

또한 설비 제조업체도 가격을 낮추고 특수 사양의 주문도 큰 불만 없이 받아들인다. 사원 채용도 마찬가지이다. 우수한 인재는 오히려 불황기에 몰려든다.

반면 호황기에는 설비 제조업체들은 제품 가격을 낮춰주지 않고 시간이 오래 걸리는 특수 사양 주문은 쉽게 거절한다. 또한 인력 시장이 활발해져 우수한 인재를 구하기 어렵다.

하지만 불황기를 위해 모아둔 자금이 없다면 아무것도 할 수 없다. 따라서 호황기에 피하지방, 즉 여유 자금을 가능한 한 많이 비축해야 한다. 이를 위해서는 호경기에 거두는 이익에 불황을 참고 견디기 위한 비상금을 포함시켜야 한다.

37년간 가격을
한 번도 올리지 않았다

　이익을 거두는 데 있어서 또 한 가지 매우 중요한 원칙이 있다. 불황기라고 쉽게 가격을 낮춰서는 안 된다는 사실이다. 대부분의 회사는 경기침체로 주문이 줄어들면 불안한 마음에 별 다른 대안 없이 가격을 내린다. 주문을 확보하기 위해 안간힘을 쓴다.

　예를 들어 1개에 100원인 제품을 80원으로 낮추고, 할인한 20원어치의 업무를 가족을 동원하여 수지를 맞춘다. 그리고 경기가 풀리면 100원으로 올려 받으면 된다고 안이하게 생각한다. 하지만 일단 80원으로 낮춘 제품을 100원으로 되돌리기란 여간 힘든 일이 아니다. '전에는 80원이었는데 왜 지금은 100원이냐'고 묻는다면 반론할 근거가 없기 때문이다.

가격은 내리기는 쉬워도 올리기는 어렵다. 임시방편으로 아무 생각 없이 가격을 조정해서는 안 된다. 불황기에는 일거리를 확보하는 것보다 가격을 유지하는 것이 훨씬 더 중요하다.

에이원정밀은 창업 당시부터 가격만큼은 철저히 지켰다. 절대 싼 가격에 제품을 팔지 않았다. 그러나 지금까지 우리는 고객사로부터 별다른 가격 인하 요청을 받은 적이 없다. 그들은 대체로 수긍하고 있다. 왜일까?

비밀은 비용 절감을 위한 노력에 있다.

이익이 아무리 중요해도 그 이익을 판매가에 그대로 전가하면 가격이 터무니없이 비싸진다. 수익도 중요하지만 너무 비싸면 고객사의 외면을 받게 된다. 가격을 낮춰서라도 일을 따내온다는 생각도 잘못이지만, 비용 절감을 위해 고민도 하지 않은 채 무작정 가격만 높여서는 결코 사업을 유지할 수 없다.

고객사가 우리 제품 가격에 이의를 제기하지 않는 이유가 있다. 에이원정밀은 창업 당시부터 지금까지 37년 동안 단 한 차례도 제품 가격을 인상한 적이 없다. 물론 재료비나 인건비는 매년 올랐다. 인건비의 경우 매년 2%씩 상승한다. 고작해야 전화요금 정도가 저렴해졌을까.

그렇다면 믿을 것은 생산성 향상밖에 없다. 작년 100원을 투입하여 1개의 제품을 생산했다면 올해는 98원을 투입하여 1개를 만들어야 한다. 매년 비용이 상승하는 만큼 생산성을 높이지 못했다면 35%라는 높은 이익률은 불가능했을 것이다.

생산성을 높이는 가장 간단한 방법은 기계를 교체하는 것이다. 에이원정밀은 남보다 빨리 좋은 기계를 도입했다. 어머니들이 돈 관리하는 방식이 있다. 푼돈은 아끼고, 큰돈은 과감하게 쓴다. 우리 역시 필요한 곳에는 돈을 쓰되 불필요한 지출은 한 푼도 아까워했다.

에이원정밀의 판매관리비율은 15.5%이다. 일반적으로 경영 효율이 좋다는 기업에서도 20% 이하의 판매관리비율을 달성하기는 어렵다. 나는 15.5%라는 숫자가 대단하다고 생각한다. 이는 보이지 않은 곳에서 직원들이 땀 흘려 노력한 결과물이다.

평소에 본사를 지키고 있는 사람은 나를 포함해 직원 13명뿐이다. 이렇게 적은 인원으로 해외를 포함해 1일 평균 500건이 넘는 주문을 받는다. 더구나 경리나 재무를 따로 관리하는 부서도 없이 모든 일을 처리한다. 지금은 모두가 두세 가지의 일을 동시에 처리하는 것이 당연한 일이 되었다.

노닥거리며 게으름을 피우는 직원은 단 한 명도 찾아볼 수 없는 회사가 바로 에이원정밀이다.

2장

경영자에게는
딱 1번의 결정이 중요하다

소형자동선반을 이리저리 만지면서
나는 곧 시대가 바뀌리라는 사실을 직감했다.
이제 녹로의 시대는 끝났다. 소형자동선반을 쓰면
정확도 높은 제품을 생산할 수 있을 뿐 아니라
기계에 부착하는 캠만 바꾸어도
다양한 모양의 제품을 깎아낼 수 있다.

머리가 아니라
감각으로 판단하라

"경영자는 매순간 결정의 기로에 놓여 있다."

주변에서 자주 듣는 얘기다. 그러나 아무리 경영자라도 매순간 결정을 내려야 한다면 머리가 너무 복잡해져서 과로사하지 않을까. 내 생각에는 경영자가 평생에 걸쳐 내리는 결정은 아무리 많아도 5번을 넘길 필요가 없을 것 같다. 회사의 생사를 가르는 결정은 3~4번이면 충분하다. 나머지 자잘한 결정은 사실 결정이라기보다는 큰 계획을 밀고나가는 일관된 행동에 불과하다.

나는 지금까지 3~4차례의 결정을 내려왔고, 지금까지는 별 탈

없이 잘 들어맞았다. 결정이란 회사 전체를 통째로 들어서 다른 레일 위에 내려놓는 일로, 한마디로 미래를 예측하고 남보다 한 발 앞서 행동에 나서는 것을 말한다.

사람들은 대개 알고 있던 지식으로 미래를 예측하려고 한다. 여기에는 한 가지 문제가 있다. 머리로 예측하면 논리적으로는 앞뒤가 딱딱 들어맞을지 몰라도 현실로부터는 동떨어질 수 있다는 사실이다. 반면 현실로부터 정보를 취하는 사람은 후각이 발달해 있다. 왜 그런지 논리적으로 설명할 수는 없어도 변화를 뚜렷이 자기 몸으로 감지한다.

나는 많이 배우지 못해서 그런지 후각이 발달한 편이다. 물론 내가 말하는 후각은 진짜 냄새를 맡는 감각을 뜻하는 것이 아니라 비즈니스 환경의 변화를 포착할 수 있는 감각을 말한다.

후각이 발달한 사람들은 행동도 즉각적이다. 예컨대 생선 썩는 냄새가 훅 끼치면 누구나 고개를 휙 돌린다. 자극을 받으면 곧장 몸에서 반응을 보인다.

반면 엘리트라고 불리는 사람들은 참신한 아이디어를 떠올려도 섣불리 행동에 나서지 않는다. 자신이 판단한 것과 현실이 딱 맞아떨어지는지 확신하지 못하기 때문이다. 그래서 도전해보기도 전에 지레 겁부터 먹는다.

아는 게 병이란 말은, 많이 알아서 병이라기보다는 알고 있는 지식으로 미래의 변화를 포착하려고 하기 때문에 병이 된다는 말이다. 지식은 과거의 것이고, 변화는 미래의 것이다. 미래가 과거의 되풀이라면 얼마나 편할까. 그러나 미래는 늘 과거와 다른 방향으로 흐른다. 그래서 지식으로는 변화를 포착하지 못한다.

결정을 내려야 할 때가 따로 있는 것은 아니다. 당신의 코가 민감하게 변화의 징후를 감지하면 곧 계획을 전면 검토하고 새로운 행동에 나서야 한다.

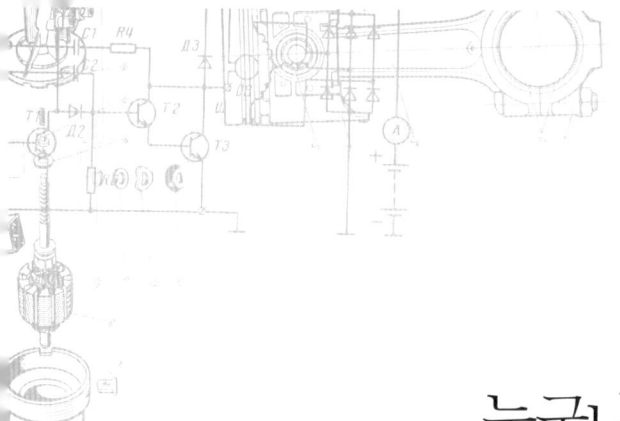

02

누구나 처음에는
바닥에서 출발한다

다음 둘 중에 누가 더 성공할 확률이 높다고 생각하는가?

● 생각은 많으나 행동하지 못하는 사람

● 실행으로 옮겨 눈으로 직접 경과를 확인하는 사람

배운 게 많은 사람은 상황이 더욱 또렷해질 때까지 기다리는 경
향이 있다. 그러나 경영자는 기다릴 틈이 없다. 일단 결정을 내렸
다면 남이 어떤 말을 하건 주저하지 말고 밀어붙여야 한다. 혹시

실패하면 어쩌지 하고 생각해서도 안 된다.

'실패해 봤자 제자리로 돌아오기밖에 더하겠어?'

'만일 실패로 돌아가면 이렇게 해보자.'

차라리 실패를 예상하고 대책을 세우는 편이 훨씬 이롭다.

경쟁이 두려워서 꽁무니를 빼는 사람도 있다. 대기업이 경쟁에 뛰어들었다는 둥, 유명 기업이 선점하고 있는 시장이라는 둥 갖은 이유를 들먹이며 실행에 나서기를 꺼린다. 하지만 나는 그런 겁이 없었다. 설령 한 번도 가본 적이 없는 곳에 발을 들여놓더라도 길을 잃을 것이라고는 생각지 않았다. 만일 길을 잃더라도 길을 잃은 데서 다시 시작하면 될 것이 아닌가.

누구나 처음에는 아마추어로 출발한다. 당신이 아는 세상의 모든 기업, 위인들도 처음은 다 바닥부터 시작했다. 산을 한 번도 올라본 적이 없는 사람이 등산가가 되고, 붓을 한 번도 쥐어본 적이 없는 사람이 화가가 된다. 세상의 모든 사람은 갓난아기였던 시절이 있었고, 세상의 모든 기업은 시장 점유율 0이었던 시절이 있었다.

제대로 된 물건을 만들기까지는 오랜 시간이 걸릴지 모른다. 신용을 얻기까지는 얼마가 걸릴지 알 수 없다. 그렇지만 고객을 만족시키는 물건을 누구보다 빨리 만들어 적정한 가격에 제공할 수

만 있다면 소규모의 후발기업도 승자가 될 수 있다.

　나 역시 사업에 뛰어들기 전까지는 캠도, 콜릿 척도 몰랐다. 그라운드 제로에서 출발하여 한 계단씩 내디디며 지금에 이르렀다. 다시 처음부터 시작하라면 자신이 있을까. 그때도 그랬지만 새로운 시작은 늘 나를 들뜨게 한다. 나에게는 한 치의 망설임도 없다.

　도리어 새로운 출발만큼 자유로운 발상이 가능한 경우도 없다. 아마추어이기 때문에 고정관념에 사로잡히지 않고 자신의 감각을 믿으며 참신한 아이디어를 찾을 수 있다. 아마추어에게도 강점이 있다는 사실을 잊지 않았으면 한다.

　인생이든 사업이든 알고 나서 시작하는 것은 없는 법이다.

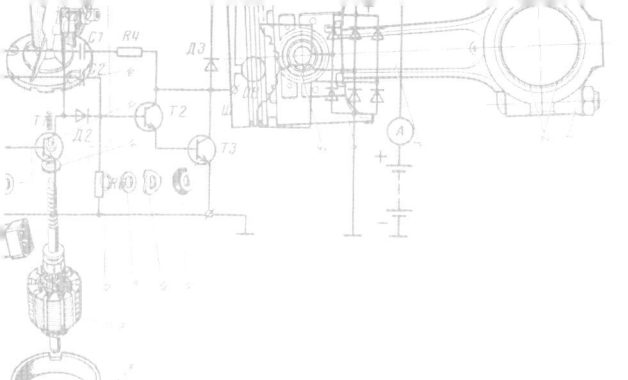

03

척박한 땅에서
긍정의 힘이 자란다

　제2차 세계대전이 끝나고 1년 뒤, 그러니까 내가 초등학교 2학년 때 아버지의 회사가 파산했다. 아버지는 전쟁 전부터 도쿄 메구로에서 작은 공장을 경영했다. 그러나 전쟁 이후의 힘겨운 시기를 견디지 못하고 공장을 접고 말았다. 우리 가족은 뿔뿔이 흩어졌다. 나는 가고시마의 친척집에 맡겨졌다.

　친척집의 형편도 어렵기는 매일반이었다. 삼시 세끼 쌀밥을 먹는 것은 상상조차 할 수 없었다. 가끔 흰 쌀밥이 나올 때기 있었는데 그때는 식사 전에 고구마를 먹어야 했다. 고구마로 배를 채우면 적은 양의 쌀로도 한 끼 식사를 해결할 수 있었기 때문이다.

지금 생각해보면 꽤나 비참한 생활이었다. 특별히 나만 힘들었던 것이 아니라 당시에는 누구나 그랬다.

초등학교 시절 나는 친척들의 집을 전전하며 여섯 차례 전학을 갔다. 그리고 졸업과 동시에 당시 아버지의 지인이 경영하던 가와사키의 나사 제조공장에서 일을 시작하게 되었다. 그때 내 나이 12살이었다.

남의집살이의 하루는 아침 6시 전부터 시작된다. 기계에 기름을 붓고 공장을 청소한 뒤 서둘러 아침밥을 먹고 8시부터는 선배 장인들과 똑같이 일을 했다.

물론 처음에는 간단한 일밖에 배울 수 없었다. 그러나 어리다고 해서 예외는 없었다. 매일 일이 끝나고 공장을 나서면 저녁 8시가 넘었다. 쉬는 날은 매월 첫째 날과 15일 이틀뿐이었다. 물론 학교도 다니고 싶었고, 친구들과 뛰어놀고 싶은 마음도 굴뚝같았다. 원래 공부를 좋아했고, 책상에 나란히 앉아 공부하는 또래 친구들을 보며 부러워했던 기억도 있다.

하지만 남들보다 불행하다고 생각한 적은 단 한 번도 없었다. 끼니를 걱정할 필요도 없었고, 밤에는 따뜻한 이불 속에서 팔다리 쭉 뻗고 잠을 청할 수 있었다. 게다가 휴일 전날에는 얼마 안 되지만 용돈도 받았다. 친척집을 떠돌 때는 꿈도 꾸지 못할 일이었다.

그러나 무엇보다 내가 이렇게 견딜 수 있었던 것은 꿈이 있었기 때문이다. 꿈을 이루려면 열심히 일하는 수밖에 없었다. 그래서 죽자 사자 일에 매달렸다.

나의 꿈은 우두머리, 즉 '장(長)'이 되는 것이었다. 편안한 삶을 바라거나 돈을 모으고 싶다는 생각은 없었다. 만약 돈이 목표였다면 지금쯤 큰 부자가 되지 않았을까 싶다.

기업가인 아버지는 어린 내게 이런 말씀을 하셨다.

"가쓰히코, 다른 사람의 밑에서 일을 해서는 안 된다. 사람을 부리는 사람이 되어야 한다."

철이 들고부터는 늘 장(長)이 되겠다는 일념 속에서 살았다.

이 꿈 덕분에 열두 살의 나는 주어진 일에 불만을 품지 않았다. 나중에 사장이 되어 집안을 다시 일으키는 게 나의 임무가 아닌가.

그때는 세상물정 모르는 아이라 사장이 되려면 구체적으로 어떻게 준비해야 하는지 몰랐다. 그저 묵묵히 주어진 일을 하면 최고의 장인이 될 것이고, 그러면 머지않아 사장도 되겠다고 믿었다. 단지 언젠가 남을 부리게 되면 자금이 필요하지 않을까 하는 생각에 매달 월급의 일부를 떼어 적금을 들었다.

내가 처음 공장에서 배운 것은 '녹로'라고 불리는 초기선반이었다. 녹로는, 오늘날 쓰이는 자동선반과 달리 기술자의 능력에 따라 제품의 품질이 달라지는 기계였다.

그런 까닭에 같은 라이터 부품을 만든다고 해도 녹로에 미숙한 사람에게는 주요 부품을 맡기지 않았다. 복잡하고 중요한 부품은 숙련된 기술자의 몫이었다. 나는 이 녹로를 완벽하게 다뤄서 하루라도 빨리 핵심 부품을 만들고 싶었다. 그래서 더더욱 녹로 일에 열중했다.

그렇게 녹로를 다루는 동안 기술이 늘었고 자신감이 붙었다. 이후 다른 업체로 전직을 반복했다. 이 업종에서는 후배 기술자들을 서로 가르치려는 경향이 있었다. 덕분에 나도 '우리 집에서 한번 일해보지 않겠는가?' 하는 제의를 여러 곳에서 받았다. 장인의 세계에서 전직이란 새로운 환경에 도전하여 솜씨를 갈고닦는 것이다. 그래서 나는 어디를 가나 시종일관 녹로 일을 했다.

그렇게 두루 다니며 녹로 기술을 익히는 동안 내 솜씨도 월급도 마치 시루 속의 콩나물처럼 쑥쑥 자랐다.

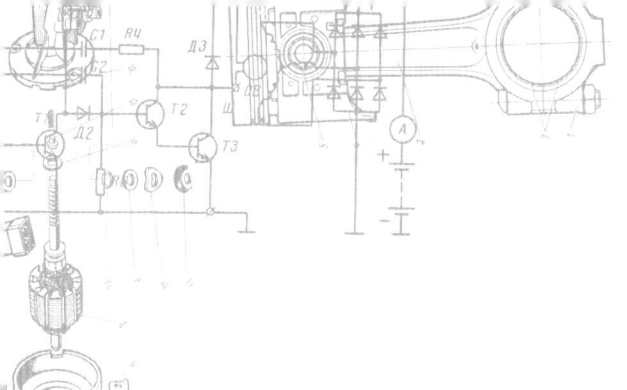

내 인생 첫 번째 결정
10년간 익혀온 기술을 버리다

나는 12살 때부터 10여 군데의 작은 공장을 돌며 경험을 쌓았다. 20살이 갓 넘었을 무렵에는 녹로를 마치 내 손처럼 다룰 수 있게 되었다. 이 기술을 인정받아 후추에 위치한 오오모리전기공업에 입사했다. 그때가 22살이었다.

이곳은 현재 도쿄 증권거래소 1부 상장기업인 미츠미전기공업의 하청기업으로 제법 규모가 큰 회사였다. 그동안은 고작 종업원 수가 3~4명 정도의 작은 공장에서만 일했다.

신입 동기 중에는 지방에서 올라온 친구도 있었고, 대학을 졸업한 후 취직한 친구도 있었다. 내 나이는 대졸 신입사원과 같았지만 10년의 경력과 기술을 갖고 있었기 때문에 회사의 대우도 달랐다. 당시 대졸자의 초봉은 12,000엔 정도였다. 하지만 나는 그 두 배가 넘는 2만 5~6천 엔을 받았다.

대졸 신입 사원들은 몇 명씩 짝을 지어 기숙사에서 함께 생활했지만 나는 아파트에서 혼자 살았다. 방에는 스테레오 오디오와 텔레비전까지 갖춰져 있었다. 1961년 당시로는 모두 고가품이었다. 스무 살의 나이에 이 두 가지를 손에 넣었으니 일반 사람과 비교해보면 꽤나 호강하고 있었음에 틀림없다.

나는 오오모리전기공업에서 녹로를 이용해 나사의 시험 제품을 만들었다. 당시 나는 완성제품의 미세한 오차(0.05㎜)를 손으로 느낄 수 있을 만큼 감각이 발달해 있었다. 지금 생각해도 녹로 기술자로서는 상당한 수준이었다. 내 밑으로 20~30명의 부하직원이 있었다.

내 인생의 전환을 맞이한 것은 이때쯤이었다. 최고급의 기술력을 가진 녹로 기술자가 소형자동선반이라는 기계를 만나게 된 것이다. 쉽게 말해 주산왕이 전자계산기를 처음 마주한 순간이라고 해야 할까.

아무리 내 솜씨가 뛰어나다고는 해도 손끝의 감각에 의존한 작업이었기 때문에 미세한 차이가 발생하는 것은 어쩔 수 없었다. 그런데 소형자동선반에서는 캠이라는 장치로 칼날을 자동으로 제어했다. 요컨대 기계 다루는 법만 익힌다면 누구나 같은 품질의 제품을 생산할 수 있다는 얘기였다.

10년간 쌓아온 공든 탑이 와르르 무너지는 순간이었다.

하지만 허탈감을 느낄 틈도 없이 머리를 스치고 지나가는 생각이 있었다.

'내게 찾아온 기회일지 모른다. 소형자동선반으로 사업을 일으키면 어떨까.'

당시 나는 몸값이 비싼 일류 장인이었다. 그러나 사장이 되겠다는 꿈을 한시도 잊은 적이 없었다. 사장의 꿈을 품고 있었기 때문에 충격은 곧 긍정적인 생각으로 바뀌었다.

당장 사장에게 달려갔다.

"월급을 깎으셔도 좋습니다. 자동선반 일을 맡겨주십시오."

마침 사장도 이 새로운 기계를 누구에게 맡길지 고심하고 있던 모양이었다.

"자네라면 녹로에 대한 지식도 풍부하니 안성맞춤이군. 잘 부탁하네."

소형자동선반을 이리저리 만지면서 나는 곧 시대가 바뀌리라는 사실을 직감했다. 이제 녹로의 시대는 끝났다. 소형자동선반을 쓰면 정확도 높은 제품을 생산할 수 있을 뿐 아니라 기계에 부착하는 캠만 바꾸어도 다양한 모양의 제품을 깎아낼 수 있다.

나는 이 캠을 주시했다. 당시에는 소형자동선반의 제조업체가 캠을 제조했다. 하지만 가격이 비싸고 납품도 더뎠다. 고객사들의 불만이 이만저만 아니었다.

'보다 저렴하고 보다 빠르게 캠을 공급하면 승산이 있을 것이다.'

캠을 사업화하겠다는 구상은 점차 또렷해졌다. 하지만 당장 뛰어들기에는 무언가 마음에 걸렸다. 그렇게 몇 해가 흘렀다.

전환기가 찾아온 것은 1965년이었다. 당시 일본은 고도경제성장의 급류를 타고 있었다. 세탁기, 냉장고 할 것 없이 만들어 내놓기만 하면 팔리는 시대였기 때문에 소형자동선반용 캠의 수요는 지속적으로 증가하고 있었다. 눈만 감으면 광대한 캠 시장이 펼쳐졌다. 나에게는 선반제조업체에서 만든 캠보다 훨씬 품질 좋은 캠을 제작할 기술이 있었다.

'시장도 있고, 기술도 있다. 지금 독립해서 캠 제조회사를 세우면 꿈에 그리던 사장도 될 수 있다.'

그러나 나를 가로막는 게 있었다. 나는 사장이 되고 싶었지만 실패했을 때 어떤 결과가 기다리는지 잘 알고 있었다. 아버지의 파산을 경험한 탓이었다. 회사가 도산한 이후 우리 가족은 뿔뿔이 흩어져 살지 않았던가.

또 한 가지 나를 주저하게 한 것은, 같은 직장에 다니던 여성과의 결혼이었다. 이대로 회사를 다니면 안정적인 생활이 보장된다. 그러나 독립을 한다면 신혼생활을 즐길 수도 없고, 만약 잘못해서 사업이 정상 궤도에 진입하지 못하게 되면 아내에게도 견딜 수 없는 고통이 되리라고 생각했다.

그렇지만 운명이란 참으로 불가사의하다. 결혼식 전날, 한자리에 모인 친척들 앞에서 '언젠가 캠을 만드는 회사를 차리고 싶다.'고 지나가는 말을 던졌는데 마침 그중 한 사람이 '그렇다면 내가 자금을 대겠다.' 하고 나섰다.

그래서 나는 결심했다.

이렇게까지 나를 밀어주겠다는 사람이 있으니 무얼 망설이겠는가. 그저 나의 성공 가능성을 믿어준 것이 고마울 뿐이었다.

남은 것은 시기를 정하는 일뿐. 언제 회사를 그만두고 언제 차릴 것인지 머릿속으로 정신없이 주판알을 퉁겼다. 결혼식 하객도 신혼여행지의 풍경도 눈에 들어오지 않았다. 아내 말에 의하면 신혼여행 내내 한숨만 쉬었다고 한다.

신혼여행에서 돌아온 후, 결국 회사에 사표를 냈다. 이대로 주춤거리고 있다가는 금세 아이도 생길 텐데 더더욱 결단을 내리기 힘들지 않을까 싶었다. 그렇다면 지금뿐이다.

예상대로 직장상사는 나를 나무랐다.

"홀몸도 아닌 사람이 독립이라니. 도대체 제정신인가. 더구나 대규모 제조업체를 상대로 경쟁에 나서야 하는데 그게 가능한 일인가. 캠 제조에 뛰어든 후발업체 가운데 몇 곳이나 잘 되었나?"

틀린 말 하나 없었다. 그러나 상사는 한 가지를 오해하고 있었다. 아직까지 승승장구하는 캠 제조업체가 없는 이유는 캠 시장에 뛰어든 회사가 한 곳도 없었기 때문이었다. 나는 상사의 말을 들으면서 속으로 이렇게 다짐했다.

'틀림없이 시장은 있다. 용기를 갖고 도전한다면 꼭 성공할 것이다.'

갖가지 변수를 검토한 끝에 내린 결론이었다. 할아버지의 할아버지가 와도 결심을 되돌릴 생각은 없었다.

26살 회사를 그만두고 '미츠와제작소'라는 소형자동선반용 캠 제조회사를 차렸다. 드디어 꿈꾸던 사장자리에 올랐다. 에이원정밀의 뿌리도 여기에 있다.

깨가 쏟아져야 할 신혼에 남편이 회사를 그만두었음에도 불구하고 아내는 너무나 평온해 보였다. 처음에는 '야, 대단한 여장부구나.' 하고 생각했는데 나중에 알고 보니 '독립'의 의미를 잘 모르고 있었다. 사장이 된 후에도 지금처럼 월급이 들어올 것이라고 생각했던지 월말이 되자 두 손을 내밀며 월급봉투를 찾았다.

내 인생 두 번째 결정

월 매출액보다 13배 비싼 첨단 기계를 구입하다

미츠와제작소의 경영은 형의 도움을 받게 되었다. 자동차 면허를 갖고 있는 형에게 영업을 맡겼고, 나는 제조에 전념하기로 했다.

창업 당시에는 일거리가 없었다. 불안하기도 했다. 그럴 때마다 조급해하지 말자고 스스로를 타일렀다. 이 분야의 비전을 믿는 도리밖에 없었다. 묵묵히 주문이 오기를 기다렸다. 마치 비가 쏟아지기를 기다리는 농부처럼 말이다. 한두 차례 빗방울이 얼굴 위로 떨어지는가 싶더니 곧 빗줄기가 메마른 대지를 적셨다. 역시 캠 시장은 존재하고 있었다. 게다가 시장은 생각보다 훨씬 광대했다. 경영은 곧 안정을 찾았다.

그러나 아직 캠 제작방법이 완전히 손에 익지 않았던 탓인지 어느 정도는 감으로 제작하는 수밖에 없었다. 그러니 완성품에 다소 차이가 생겼다. 완구나 문구 등을 만드는 자동선반용 캠은 아무런 문제가 없었다. 하지만 시계와 같은 정밀기계의 부품을 만드는 캠은 그렇지 못했다.

왜 이런 문제가 발생하는지 곰곰이 생각하던 어느 날이었다. 뉴스에서 시티즌 시계사의 자회사에서 소형자동선반에 부착하는 캠을 제작하기 위해 'NC캠 연삭판'을 개발했다는 소식을 들었다. 지금까지 장인의 감과 경험으로 만들던 것을 전부 수치화하여 입력하면 제품이 한 치의 오차도 없이 정확히 깎이는 기계였다.

기술의 개발 속도는 참으로 놀랍다. 얼마 뒤 나는 캠 성형기 수리 때문에 시티즌 시계를 찾아갔다. 그때 우연히 최신 NC캠 연삭판으로 작업하는 모습을 지켜보면서 큰 충격을 받았다. 수년 전 소형자동선반을 처음 봤을 때의 충격 그대로였다.

정말 놀라운 일이었다. 숫자를 입력하기만 해도 똑같은 제품을 제작할 수 있다니, 마치 눈앞에 마술이 펼쳐지는 것 같았다. 오늘날로 치면 체세포 복제가 그 정도이 충격으로 다가올까.

회사로 돌아오자마자 나는 형에게 내 뒤통수로 핵폭탄이 떨어졌다고 말했다.

"지금부터는 NC기야! 우리 회사도 NC기를 들여놔야 한다고!"

필사적으로 설득했다. 그러나 형은 귀찮다는 듯이 손사래를 쳤다. 간신히 경영이 틀을 갖춰 가는 마당에 난데없이 무슨 투자냐고 퉁명스럽게 대답했다.

돌이켜보면 형의 그런 반응은 당연한 일이었다. 당시 미츠와제작소는 한 달 매출이 약 150만 엔 정도로 약간의 수익을 거두고 있었다. 하지만 NC기는 1대에 2,000만 엔이 넘었다. 500만 엔만 있으면 도쿄 시내에 집을 살 수 있었던 시절이니 2,000만 엔이 얼마나 큰돈인지 짐작될 것이다. 한마디로 우리와 같은 작은 공장에서 구입할 수 있는 물건이 아니었다.

현실적이고 신중한 형과는 반대로, 나는 전형적인 긍정적 사고의 소유자였다. 어쩌면 고집불통이었는지 모른다. 그래서 누가 뜯어말려도 뜻을 굽히지 않는다. 소형자동선반용 캠의 수요는 이제부터 점점 증가할 것이 확실하다. 나는 감각적으로 그 냄새를 맡았다.

퀄러티에 대한 고객의 요구도 점점 커질 것이 분명했다. 비단 정밀기계에 국한된 얘기가 아니었다. 당연히 정확도 높은 제품을 1분 1초라도 빨리 제작할 수 있는 NC기가 업계의 주류가 될 것이었다. 마침 NC기는 이제 막 세상의 빛을 보았다. 아직 업계 전체로 보급되지 않았다. 이건 하늘이 내린 기회임에 틀림없었다. 경쟁사보다 한발 앞서 도입한다면 점유율을 순식간에 끌어올릴 수 있으리라 판단했다.

그러나 형을 설득할 수 없었다. 부득불 직원 8명 가운데 3명을 데리고 나와 새로운 회사 '에이원정밀'을 차렸다. 그때가 1970년으로 석유파동의 충격으로 전 세계가 출렁이던 시절이었다.

형으로부터 독립한 나는 우선 NC기를 설치할 공장부터 세우기로 마음먹었다. NC기와 같은 정밀기계는 먼지가 가득한 공장에서는 오래 버티지 못한다. 그래서 이 예민한 기계를 위해 깨끗한 환경부터 갖추어야 했다. 곧 도쿄도에 있는 후추시에 토지와 건물을 구했다.

단순히 토지만 구입하는 일이라면 그렇게 많은 비용이 들지 않는다. 그러나 공장을 짓는 일은 만만한 작업이 아니었다. 그럼에도 공장부터 짓기로 마음을 먹은 것은, 내가 얼마나 강한 의지를 지니고 있는지 증명할 필요가 있었기 때문이다.

NC기를 구입하려면 자금을 융자받아야 했다. 여러 군데 금융기관을 돌아다니며 서류를 보여주고 입이 닳도록 설명했다.

"시장규모는 현재 이 정도에 이르고 있고, 여전히 확장일로입니다. 만일 NC기계를 도입하면 앞으로 3년간 이만큼의 매출이 예상됩니다."

내 요지는 '어떻게 해서든 캠 시장에서 세계 1위의 기업을 만들테니 투자하라.'는 말이었다. 이렇게 열을 올려 설명하면 이해해주는 듯 고개를 끄덕거리는 금융기관 담당자도 있었다. 하지만 본격적으로 대출 이야기로 들어가면 동네의 조그만 공장에 대출하기에는 액수가 너무 크다며 난색을 표했다. 몇 차례 거절을 당하자 이래서는 안 되겠다고 판단하고, 일단 건물부터 짓기로 했다. 눈앞에 실제 공장을 보여주면 내가 말뿐인 사람이 아님을 알게 되리라 생각했기 때문이다.

이런 노력 끝에 결국 어느 대규모 도시은행에서 융자를 받았다. 딱히 담보도 없었다. 아마도 내 의지를 높이 산 것이리라.

덧붙여 말하자면 사업은 돈으로 하는 것이 아니라 신념으로 한다고 생각한다. 지갑 속이 텅 비어 있더라도 좌절하지 말자. 돈은 늘 주위 어디엔가 있다. 신념으로 주위 사람들의 마음을 움직인다면 돈은 반드시 따라온다. 세상만사는 얼마만큼의 신념을 갖고 있느냐, 얼마나 정신력이 강인한가에 달려 있는 것이지 돈의 많고 적음으로 이루어지는 것은 아니다. 그러므로 경영자는 진심으로 꿈을 이야기할 수 있는 사람이 되어야 한다.

NC기의 구입비용을 융자해주었던 은행은 지금까지도 에이원정밀의 주거래은행이 되어 관계를 맺고 있다.

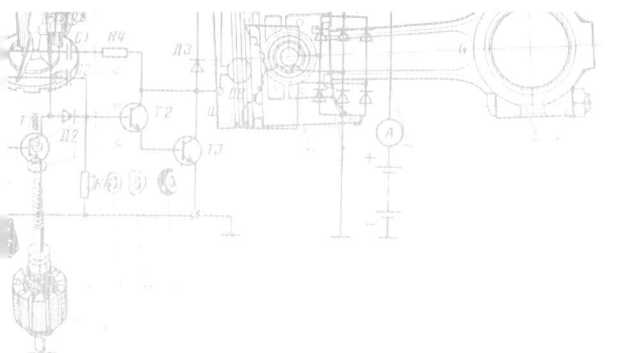

내 인생 세 번째 결정

캠 사업의 수명이
얼마 남지 않았다!

　자금을 빌린 뒤 곧 시티즌 시계에서 NC기를 구입해 캠을 만들기 시작했다. 그러자 순식간에 '에이원정밀에서 제작하는 캠은 정밀도가 높다. 또 에이원정밀은 다른 어떤 곳보다 납품이 빠르다.'는 소문이 퍼지면서 주문이 빗발쳤다. 첨단 기계의 효과는 놀라웠다. 품질은 높아지고 생산성은 3~4배 상승했다. 결국 시티즌 시계가 판매한 4대의 NC 캠 연삭판은 모두 우리가 구입했다.

　경쟁사와의 차이는 점차 벌어졌다. 비유컨대 타사가 땀을 뻘뻘 흘리며 리어카를 끌고 가는 동안 우리는 오토바이를 타고 달린

셈이다. 에이원정밀의 점유율은 경이적인 속도로 상승했다. 물론 캠 시장이 확대되는 만큼 다른 회사들도 성장을 구가하고 있었지만 우리와는 비교 자체가 불가능했다. 우리는 눈 깜짝할 사이에 연간 매출 7억 엔을 달성했다. 이때는 정말 돈이 끊이질 않고 들어와 입가에서 미소가 떠나지 않았다.

그러나 나는 회사가 가장 잘나가고 있을 때 다음 사업으로 눈을 돌렸다. 아니 다음 사업에 눈을 돌려야만 했다는 표현이 더 정확할지 모른다. 이유는 이렇다.

지금은 NC기로 소형자동선반용 캠을 제작하고 있다. 하지만 가까운 미래에 소형자동선반은 캠식에서 NC로 바뀔 것이 뻔했다. 요컨대 더 이상 캠이 필요하지 않게 된다는 말이다. 그렇게 되면 캠의 수요는 급전직하할 것이다. 아무리 현재 매출이 좋더라도 지금처럼 계속해서 캠만 제작한다는 건 너무 위험한 일이었다.

그러나 깎는 일 자체는 수요가 줄어들지 않으리라고 판단했다. 그렇기 때문에 이제부터 회사의 주력상품을 NC소형자동선반의 부품으로 전환한다면 사업은 지금보다 더욱 발전할 것이라고 생각했다. 그렇다면 NC소형자동선반에 꼭 필요한 부품이면서, 캠과 마찬가지로 높은 시장 점유율을 차지할 만한 상품이 무엇일까?

고심 끝에 떠오른 것이 바로 콜릿 척(collet chuck)이었다.

콜릿 척이란 가공물을 단단히 고정시키는 부품을 말한다. NC 선반은 고속으로 대상물을 회전시키며 가공하는 기계이기 때문에 기계와 가공물의 형태에 꼭 맞는 콜릿 척을 장착해야 정밀한 가공이 가능하다.

콜릿 척을 제조하면 캠을 구매하는 고객이 재구매할 가능성이 높기 때문에 지금까지의 판매망을 그대로 활용할 수 있다는 이점이 있다.

그러나 캠 시장에서 압도적인 점유율을 자랑하는 에이원정밀이라도 아직 콜릿 척의 실적은 전무한 실정. 새로운 시장에 도전한 것은 매우 큰 결단이 필요했다. 모든 것을 바닥에서부터 다시 시작해야 했기 때문이다.

1976년 콜릿 척을 제조하기 시작했다. 예상대로 소형자동선반의 주류는 캠에서 NC선반으로 넘어가고 있었고, 콜릿 척 시장은 급속히 확대되었다. 우리는 우선 빠른 납기일에 주력하면서 차별화를 이루었다. 매출은 점점 상승했다.

콜릿 척 제조를 시작한 지 13년 후인 1988년, 전체 매출에서 차지하는 콜릿 척의 비중이 캠을 앞지르게 되었다. 현재 에이원정밀은 일본 콜릿 척 시장에서 점유율 60%의 톱 브랜드로 성장했다.

07

해가 바뀌면 들녘에는
새로운 풀이 자란다

그동안 참 시련도 많았다. 플라자 합의 직후의 엔고 불황과, 버블 붕괴 이후 대기업의 압박, 중국과 대만 기업의 국내 진출에 따른 가격 파괴 등으로 경기는 불꽃의 춤처럼 너울거렸다. 그런 가운데 매년 35% 이상의 높은 경상이익률을 확보할 수 있었던 것은 변하는 시대의 흐름을 잘 포착하는 동시에 기본을 착실히 지켰기 때문이다.

  항상 고품질과 짧은 납기를 고집했고, 그 결과 회사의 기반이 튼튼하게 자리 잡을 수 있었다.

에이원정밀은 콜릿 척과 캠 분야에서 압도적인 시장 점유율을 자랑한다. 소형자동선반업계에서는 최고의 브랜드로 통한다. 전화와 팩스 주문은 늘 끊이질 않는다. 얼핏 보기에는 순풍에 돛단 배처럼 잘 흘러간다.

그러나 내 눈에는 어딘지 모르게 불안했다.

보통 회사의 수명은 30년 정도라고 한다. 회사가 안정기에 접어들수록 창업 초기의 진취적인 에너지는 온데간데없어진다. 사원은 더 이상 새로운 것에 도전하지 않으려 하고, 점차 매너리즘에 빠져든다. 그렇게 되기까지가 30년 정도 걸리는 모양이다.

그래서 회사를 주의 깊게 돌아봤다. 우리 회사도 역시 예외는 아니었다. 실적은 좋았지만 게으름과 태만이 곳곳에서 눈에 띄었다.

아직까지는 두드러질 만큼은 아니었다. 그러나 이대로 방치하면 회사의 기둥이 좀먹을지 모른다. 그러면 쓰러지는 것은 시간문제이리라. 그런 이유로 나는 재차 땀 흘려보기로 마음먹었다.

캠과 콜릿 척 이외의 새로운 분야에 도전해 다시 한 번 최고의 자리를 차지하겠다고 목표를 세웠다.

처음 새로운 사업에 뛰어들려고 했을 때, 지금까지 쌓은 노하우와 경영자원을 활용하면 더 좋은 효과를 얻을 수 있으리라 판단했다. 그래서 소형자동선반과 관련된 분야에 도전하고 싶었다.

에이원정밀은 이미 기계를 제어하는 캠과 재료를 고정시키는 콜릿 척 분야를 모두 정복했다. 순서대로라면 다음은 재료를 자르는 칼날에 주목해야 한다. 하지만 칼날을 만들 생각은 추호도 없었다.

소형자동선반의 절삭공구, 즉 칼날은 이미 히타치나 미츠비시와 같은 대기업이 독식하고 있었다. 아무리 캠이나 콜릿 척으로 유명한 에이원정밀이라고 해도 광산을 보유할 만큼 자금력이 막대한 대규모 기업과 맞설 재간은 없었다.

하지만 나는 또 다시 틈새를 발견했다.

절삭공구는 선반에서 가장 중요한 부품으로 매우 고가이다. 더구나 가공 소재는 나날이 깎기 힘들어지는 경향이 있다. 덕분에 절삭공구 역시 비싼 제품이 필요해진다. 명필은 붓을 탓하지 않는다고 하지만 좋은 제품을 만들기 위해서는 좋은 절삭공구가 필수이다. 중국이나 대만 업체 가운데 저렴한 절삭공구를 제작하는 곳이 있다. 그러나 일본에서는 거의 쓰지 않는다.

말하자면 이 시장은 품질 경쟁이 이뤄지는 곳이다. 가격은 늘 고가를 유지할 수밖에 없다는 말이다.

그래서 나는 칼날의 제조가 이닌 칼을 가는 일에 주목했다.

이렇게 비싼 제품을 쓴다면 분명 갈아서 쓰려고 하는 공장이 많지 않겠는가. 절삭공구 재연마 수요가 증가하리라는 것은 불 보듯 뻔한 일이었다.

그래서 칼을 재연마하는 업체가 몇 곳이나 되는지 자세히 검토해 봤다. 이곳은 레드오션이었다. 공구제조업체를 중심으로 많은 회사가 엎치락뒤치락 경쟁 중이었고, 이미 80억 엔의 시장을 형성하고 있었다.

그러나 대부분이 중소기업이었다. 개중에는 대기업도 눈에 띄었지만 주력 분야가 아닌 만큼 자원을 집중 투자하지는 않고 있었다.

에이원정밀은 다행히 어느 정도의 자금력도 갖췄고, 실적이 없는 것은 기술력과 설비로 보강할 수 있다고 생각했다. 최고의 자리를 차지할 가능성은 충분해 보였다. 곧 절삭공구의 재연마 시장에 뛰어들었다.

그러나 제로에서 시작한 사업인지라 하나도 만만한 것은 없었다. 나는 새로운 이 사업을 '잡초뿌리작전'이라고 이름 짓고, 한 개당 500엔의 가격을 붙여 일을 시작했다.

콜릿 척과 캠이라면 영업이 필요 없을 정도로 주문이 쇄도한다. 하지만 재연마 사업은 실적이 없기 때문에 거래처 사람에게 일일이 머리를 숙여가며 주문을 받아야 한다. 더구나 개당 단가는

500엔. 이제 와서 왜 이런 사업에 뛰어든 것인지 고개를 갸웃하는 사원도 많았다.

하지만 이번 사업은 출발부터가 달랐다. 다시 한 번 땀을 흘려 창업 당시의 헝그리 정신으로 돌아가고자 하는 것이 이번 일의 가장 큰 목적이었다. 그때의 그 뜨거운 열정이 직원들의 가슴에서 다시 우러나오기를 바랐다.

흘러가던 물이 웅덩이를 만나면, 웅덩이를 다 채우기 전까지는 더 이상 흐르지 않는다. 그러나 웅덩이를 다 채우고 난 뒤에는 반드시 웅덩이를 벗어나 새로운 길을 찾아 흐르는 법이다. 어떤 사람은 웅덩이가 다 찼는데도 그 웅덩이에서 헤엄치며 놀고 있고, 어떤 사람은 새로운 길을 찾아 물과 함께 흘러간다. 새로운 길을 찾는 일은 쉽지 않겠지만 예전의 웅덩이에 머물러 있으면 썩는 일 밖에는 기대할 게 없다.

아무리 단가가 500엔밖에 안 하는 일거리라도 경험이 전무한 회사가 일을 따오기는 결코 만만한 것이 아니다. 어떻게 하면 일을 따낼 수 있을지 고심하다 보면 자칫 망각하기 쉬운 고객 서비스의 중요성을 환기하게 된다. 그래서 일부러 경쟁이 치열한 시장을 선택했다.

절삭공구의 재연마 사업은 시작 당시 매출이 300만 엔을 조금

넘었다. 하지만 사업은 착실히 성장해 2007년에는 매출이 4억 4천만 엔을 돌파했고 거래처도 4,300곳으로 확대되었다. 이제 에이원정밀의 이름은 재연마 업계에 깊숙이 뿌리를 내렸다. 이 사업은 에이원정밀의 매출 가운데 콜릿 척 다음으로 큰 수익을 올리며 착실히 성장하고 있다.

새로운 사업으로 진출한 덕분에 에이원정밀의 수명은 30년이 늘어났다. 이 수명을 다하려면 아직도 많은 시간이 남아 있다. 그 사이 누군가의 노력으로 또 다시 새로운 사업을 찾기를 빈다.

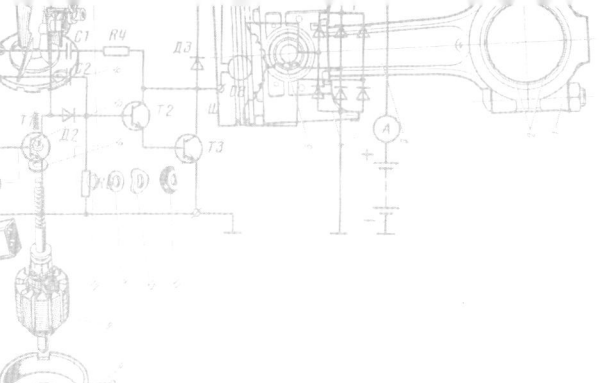

제9회 기업가상을
수상하다

  2007년 9월 나는 에이원정밀의 경영자 자리에서 물러났다. 회사와 일을 사랑하기에 지금도 매일 출근은 하고 있지만 이제 사장이 아니라 상담역(고문)으로 일한다. 회사 경영은 하야시 데쓰야 사장을 비롯한 젊고 우수한 인재가 맡고 있다.

  미국에서는 20~30대에 사업에 성공하여 40세 즈음에 은퇴를 선언하고 푸른 바다에 둘러싸인 남쪽의 고요한 섬에서 유유자적한 삶을 즐기는 것이 기업가의 이상적인 모델이다. 반면 일본의 경영자들은 자신이 일궈낸 회사에 대한 애착이 매우 강해서 일선에서 쉽게 물러나지 않는 경향이 있다. 설령 자리를 양보하더라도 새롭게 회장으로 취임하여 죽을 때까지 경영권을 놓지 않는다.

나는 다르다. 사장에서 물러난 이후 회장이 아닌 상담역이 됐다. 따로 직함을 가지고 싶은 생각은 없었다. 그러나 젊은 사원들에게 도움이 되리라는 생각에 상담역만큼은 거절하지 않았다. 경영에 관한 이야기는 일절 입 밖에 내지 않는다. 다만 지금까지 업무와 인생을 통해 배운 것을 젊은 세대에게 전하고, 일본 제조업의 문제점에 대해 의견을 나누고 있다.

내 이야기를 듣고 싶은 사람이 한 명이라도 있다면 도시락을 싸서라도 달려갈 준비가 되어 있다. 만일 내가 에이원정밀의 '회장'이라면 마치 회사를 선전하러 가는 모양새가 되지 않겠는가. 그런 점을 고려하면 상담역이라는 직함이 적합하리라.

에이원정밀이 주식 상장 기업이 된 후에도 여전히 나는 작은 마을 공장의 '아저씨'이다. 그런 아저씨에게 강의 요청이 들어오는 것을 보면 2007년에 수상한 '제9회 기업가상'이 대단하긴 한가 보다.

기업가상은 그 해에 가장 많은 활약상을 보인 벤처 경영인에게 주는 상이다. 주최자에 따르면 1년 단위의 짧은 업무 실적이 아니

라 기업인으로서의 장래성과 사회 공헌도 특히 청년에게 꿈과 희
망을 전하는 기업 활동을 했느냐 안 했느냐를 중점적으로 평가
한다고 한다. 자세한 요건은 다음과 같다.

1. 사회 공헌도가 높은 경영 시스템을 구축한 기업인
2. 기존의 관념에서 벗어나 과감하게 도전하는 기업인
3. 참신한 발상을 발휘한 창의적인 21세기형 벤처 기업인
4. 독창적인 기술을 개발한 벤처 기업인

제9회 기업가상은 나를 포함하여 믹시(mixi, 일본판 싸이월드)의
가사하라 켄지 사장, 재패넷다카타(일본 1위 홈쇼핑업체)의 다카타
아키라 대표이사 등 6명이 선정됐고, 그 가운데 템프스텝(인력파견
회사)의 시노하라 요시코 사장이 대상을 수상했다. 또한 역대 대
상 수상자를 살펴보면 일본전산의 나가모리 시게노부 사장, 소
프트뱅크의 손정의 회장, 패스트리테일링의 야나이 다다시 회장,
컬처콘비니언스클럽(CCC)의 마스다 무네아키 사장 등 일본을 대
표하는 기업가가 다수 포함돼 있다.

이런 영광스런 수상사와 어깨를 나란히 할 수 있게 된 이후 내
이름이 세상 밖으로 알려지게 됐고, 이렇게 책까지 쓰게 되었다.

예상도 못했던 뜻밖의 상이었는데 내 이야기를 듣고 싶어 하고 나를 알아보는 사람이 있다니 얼마나 감사한지 모르겠다.

사장이었을 때보다 지금은 비교적 시간을 자유롭게 쓸 수 있다. 혹시 작은 마을 공장에서 시작하여 37년간 매년 35%를 넘는 경상이익률을 달성하고 주식 상장에 성공한 '우메하라 가쓰히코'가 어떤 사람인지, 그 성공의 비결이 무엇인지 궁금하다면 주저 없이 연락하기 바란다.

3장

경쟁력의 비밀,
짧은 납기

에이원에서 가장 중요한 것은 시간이다.
시간이라는 자원은 한정되어 있기 때문에
얼마나 아껴 쓰느냐가 관건이다.

주문과 동시에
작업에 들어간다

우리 회사의 최대 강점은 짧은 납기다. 그날 받은 주문은 그날 중으로 완성하고 발송까지 마친다. 경쟁업체에서는 절대 불가능한 일이다. 오죽했으면 '그 집 기계는 뭔가 다르다'는 소문이 퍼졌을까.

그렇다면 빠른 납기의 비결은 뭘까.

물론 대충 만들기 때문은 아니다. 콜릿 척과 같은 부품은 시간을 들이면 들일수록 품질이 향상된다. 납기를 맞춘다고 후다닥 만들면 그만큼 퀄러티는 떨어지기 마련이다.

제아무리 번개처럼 납품을 하더라도 품질이 나쁘면 고객의 불만은 커지고 '에이원은 문제가 많은 공장'이라는 소문이 좍 퍼진다. 주문은 뚝 떨어지고 직원은 하나둘씩 나가고, 깡통이나 안 차면 다행이다.

에이원정밀은 상황에 따라 경쟁업체보다 2배 많은 시간을 투입하여 제품을 만들 때도 있다. 그만큼 품질에 신경을 쓴다는 뜻이다.

그런데도 어떻게 납기가 빠를까?

가장 큰 이유는 작업에 돌입하기까지 낭비하는 시간이 없다는 점이다. 에이원정밀은 주문을 받으면 곧장 작업에 돌입한다. 얼마나 빠르냐 하면, 후추 시에 위치한 본사에서 주문을 받아서 야마나시 공장에서 작업에 들어가기까지 5분도 채 걸리지 않는다.

이렇게 말하면 사람들은 이런 상상을 한다.

"에이원정밀은 전산망이 완벽히 갖춰진 게 틀림없어."

그러나 실제는 정반대다. 본사와 공장 사이에는 그 어떤 네트워크도 없다. 원시인처럼 보일지 모르지만 우리는 손으로 작성된 문서를 팩스로 전송한다.

구체적인 순서는 이렇다.

주문은 기본적으로 전화나 팩스를 통해 들어온다. 전화로 주문이 오면 주문 내역을 꼼꼼히 확인한다. 팩스가 들어오면 전화를 걸어 체크한다. 그런 후에 주문전표에 필수사항을 적은 뒤 팩스를 통해 공장으로 보낸다. 여기까지 걸리는 시간은 짧으면 30초에서 길게는 1~2분이다.

그 시각, 공장에서는 본사에서 도착한 팩스를 수령한 뒤 곧 공기 수송관(air shooter)을 통해 현장으로 발송한다. 현장 담당자는 도착한 팩스를 확인한 후 자재보관실로 가서 필요한 재료를 고른다. 재료를 고를 때는 허가받을 필요가 없다. 각자 필요한 재료를 집어 들고 나오면 그만이다. 그러므로 불필요한 시간을 줄일 수 있다. 재료를 다 골랐으면 다시 현장으로 돌아와서 작업을 시작한다. 처음부터 끝까지 아날로그적인 방식으로 처리된다.

팩스 대신 인터넷을 쓰면 효율적이지 않을까. 물론 그런 의견도 있었지만 나는 생각이 다르다. 모니터를 들여다보면서 작업을 하면 얼핏 스마트해 보일지 모른다. 그러나 현장 사람들로서는 이처럼 귀찮은 일도 없고, 자칫 혼란을 불러일으킬 가능성도 있다.

팩스를 이용하면 편리한 점이 많다. 예컨대 주문전표를 굳이 데이터로 만들 필요 없이 그대로 작업개시표로 활용할 수 있다. 제품을 완성하기까지는 대개 25난세의 공정을 거친다. 만일 한 장의 종이에 모든 정보가 들어 있다면 굳이 여기저기 확인할 필요

없이 복잡한 공정을 손쉽게 진행할 수 있다. 나는 아직까지 이보다 더욱 효율적인 방법을 찾지 못했다.

물론 모든 면에서 아날로그적인 방법이 좋다는 말은 아니다. 입금 관리나 매출 관리에는 오피스컴퓨터나 워크스테이션이 훨씬 낫다. 현재 에이원정밀의 거래처는 1만 3천 군데에 이른다. 하지만 거래처가 3천 곳일 때부터 오피스컴퓨터를 도입했으니 경쟁사에 비하면 관리 부문의 디지털화는 매우 신속한 편이었다. 재고 또한 일찍부터 바코드를 도입해 관리했다.

바코드와 오피스컴퓨터는 둘 다 동네 공장으로서는 매우 큰 투자였다. 하지만 숫자를 관리하는 것은 사람보다 컴퓨터에 맡기는 것이 신속 정확하다.

컴퓨터라고 해서 무조건 신봉하는 태도를 버려야 한다. 핵심은 실제로 빠른 방법이 무엇인지 스스로 찾아야 한다는 점이다. 그런 점에서 에이원은 가장 효율적인 방법이 무엇인지 찾았다고 해도 과언이 아니다.

: 주문전표 겸 작업지시서(견본)

양식 AS-03101

주식회사 예이원정밀
□ 본사   □ 야마나시공장

확인	담당

수 주 표

수주일자   년   월   일

수주내역의

코드 No.	발주방법	수주처	기종 / 사이즈(크기)	수량	가격	타입 A	타입 B	비고	수주자 검사	내역	경과	최종 검사
250030	○□	4상사	NS-P-16B / 3.0	/	8,500							
380000	△△	광업소	BM-16-30C / 10.0	/	26,000							
580090	○○	TECHNIC	E-32-37C / 18.0	/	20,800							
900080	○△	제약소	SC-20-30C / 20.0	/	30,000							

중간검사항목	흠	연성	누	습립	최종검사항목	미경/마크	흠	균열	내경안마자국

⊙ 검사책임자가 날인한다. 합격품만 통과될 것

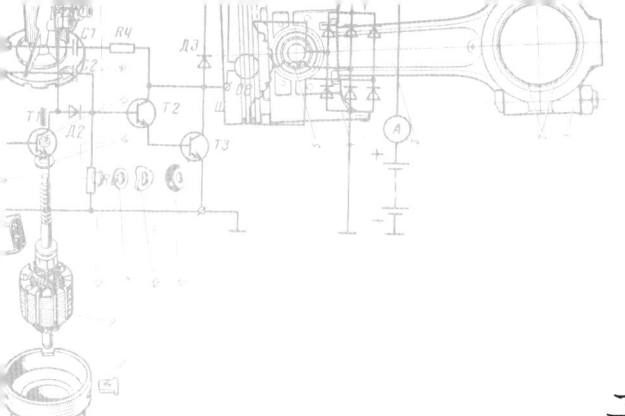

공정관리가
따로 필요 없다

어째서 다른 곳은 우리처럼 하지 않는 것일까?

다른 업체에서는 주문을 받아도 바로 작업에 들어갈 수 없다. 작업을 개시하기 전에 공정관리나 납기관리의 과정을 거치기 때문이다. 공정표 하나 만드는 데 며칠이 걸린다면 말 다한 것이다.

그렇다면 공정관리나 납기관리가 필요한 이유는 무엇인가. 처리하지 못한 주문 물량이 밀려 있기 때문이다. 앞차가 빠지지 않고 있으니 뒤차가 정체될 수밖에 없다. 병목 현상이다. 그렇기 때문에 '관리'가 필요해진다.

'내일 이 기계로는 이 작업을 할 것이다. 모레는 저 작업을 한다.'

관리란 이처럼 기계를 미리 예약해 놓는 것이다. 그렇지 않으면 일이 더더욱 꼬인다. 기계가 예약되었으므로 오늘 들어온 주문을 오늘 처리한다는 것은 불가능하다.

공정이든 납기든 이를 '관리'해야 한다는 것 자체가 시스템이 원활하지 않다는 증표이다. 물론 관리하지 않는 것보다야 낫겠지만 덕분에 관리 작업을 하는 부서까지 만들어야 하니 이중으로 부담을 지게 된다. 에이원정밀은 따로 관리할 필요가 없다. 기계 가동률에는 늘 여유가 있고, 작업은 최대한 빨리 진행된다. 밀려 있는 일이 없으므로 늦게 들어오는 주문도 처리가 가능한 것이다. 당연히 관리부서도 존재하지 않는다.

예전에 에이원정밀로 견학 온 대기업 임원이 이런 질문을 던졌다.

"제품 검사는 어디서 하고 있습니까?"

그러나 우리는 검사를 따로 하지 않는다. 그래서 솔직히 말씀을 드렸다.

"그런 작업을 할 여유가 없습니다."

그 임원이 눈을 동그랗게 떴다.

"그럴 리가 있습니까? 분명 어딘가에서 하고 있겠지요. 그러지 말고, 작업 현장을 보여주십시오."

그러나 내가 빈말을 하는 사람도 아니고, 없는 검사장을 어떻게 보여준다는 말인가. 완성된 제품을 일일이 검사하고 있으면 작업 시간은 그만큼 늦어진다. 우리는 하루에 300개 정도의 제품을 매일같이 만들어야 한다. 하나하나 따로 검사하고 있을 시간적 여유가 없다.

중요한 것은 클레임이다. 따로 검사를 시행하지 않아도 제품 클레임이 들어오지 않는다. 확실한 공정 아래 제작하면 품질에 하자가 없다. 에이원정밀의 시스템은 완성도 높은 제품의 제작에 적합하게 잘 구축되어 있다. 다른 회사에서는 공정에 문제가 있기 때문에 따로 클레임을 처리하기 위한 시스템을 갖추고 있다. 그러나 우리는 없다. 필요가 없기 때문이다.

물론 일 년에 한두 차례 오작동을 일으키는 제품이 나온다. 그러나 걱정할 필요 없다. 곧바로 새로운 상품으로 교환해 준다. 아무도 문제 삼지 않는다.

03

작업이 몰릴 때를 대비하여
공장을 여유 있게 운영한다

이밖에도 짧은 납기를 가능케 하는 요인이 있다. 우리는 수요가 정해진 재고를 보유할 뿐 아니라 공장 가동률을 70%로 맞춘다.

제조업체 사람들은 재고를 나쁘게 보는 경향이 있다. 물론 재고가 쌓이면 비용도 커진다. 그러나 모든 재고가 나쁜 것은 아니다.

재고에도 좋은 재고가 있고 나쁜 재고가 있다. 좋은 재고는 어느 정도 보유하는 것이 바람직하다. 그렇지 않으면 짧은 납기는 불가능하기 때문이다.

예를 들어, 다음 달에 주문이 예상되는 제품이 있다. 만일 주문이 들어온 날부터 만들기 시작하면 그만큼 납품은 늦어진다. 여유가 있을 때 80% 정도 제작하여 보관하면 주문과 동시에 곧장 납품을 완료할 수 있다. 이를 좋은 재고라고 한다.

반대로 나쁜 재고는 언제 팔릴지 모른 채 자리만 차지하고 있는 재고를 말한다. 가급적 나쁜 재고는 보유하지 않는 게 바람직하다.

좋은 재고인지 나쁜 재고인지 판단하기 위해서는 날카로운 판단력을 지녀야 한다. 그래야 빠른 납기가 가능하다. 에이원정밀은 이를 실현하기 위해 부서 하나를 따로 독립시켰다. 또한 이른 시기부터 재고 관리를 위해 컴퓨터를 도입했다.

에이원정밀은 재고뿐 아니라 공장 기계도 넉넉히 보유하고 있다. 아무리 바쁠 때도 기계 가동률은 최대 70%이다. 그렇다고 30%의 기계를 마냥 놀리는 것은 아니다.

30%의 여유를 두는 이유는 급한 주문에 대응하기 위해서다. 비어 있는 기계가 있기 때문에 저녁 5시에 주문이 들어와도 그날 중으로 제작, 발송이 가능하다.

또한 여유분의 기계를 활용하여 다음 달 주문이 예상되는 제품을 미리 준비한다. 공장 가동률이 100%라면 불가능한 일이다.

물론 설비를 여유 있게 보유하기 위해서는 비용 문제를 해결해야 한다. 설비를 구입한 만큼 수익을 거두지 못하면 손해가 아닌가.

그러나 걱정이 없다. 소량 주문을 처리하면서도 충분히 수익을 거둘 수 있기 때문이다. 대기업에서는 1~2개짜리 주문은 애초에 받지를 않는다. 돈이 남지 않기 때문이다. 그런 일이 대개 에이원 정밀로 들어온다.

우리로서는 대환영이다. 50개를 주문할 때는 개당 1만 엔을 받던 것을, 1개 주문하면 2만 엔에 판다. 납기가 급하거나 개수가 적으면 가격이 다소 비싸더라도 고객은 납득한다. 다른 곳에서는 만들어주지 않기 때문에 비싸다는 불만도 없다.

이런 메리트 때문에 설비를 여유 있게 보유하더라도 이익을 낼 수 있다.

에이원에서 가장 중요한 것은 시간이다. 시간이라는 자원은 한정되어 있기 때문에 얼마나 아껴 쓰느냐가 관건이다. 그런 맥락에서 우리는 판매망도 직접 보유하고 있다.

제품을 이리 보냈다가 저리 보냈다가 오락가락 하게 만들면 책임 소재 문제도 생기려니와 시간을 낭비하게 된다. 길바닥에 시간을 뿌리고 다닐 만큼 우리에게는 시간이 많지 않다.

대개이 제조업체들은 제조에만 주력할 뿐 유통은 다른 회사에 맡긴다.

그런데 여기에는 중대한 함정이 숨어 있다. 유통을 다른 업체에 맡기면 파는 쪽이 만드는 쪽보다 더 큰 힘을 갖게 된다. 가전제조업체와, 소매점을 운영하는 야마다전기의 관계를 봐도 이런 경향은 뚜렷하다. 힘의 균형추를 따라 가격 결정권이 야마다전기로 넘어간다. 제조업체는 물건을 팔아달라고 애걸복걸하는 입장으로 전락하게 된다.

우리는 주문도 직접 받고, 배송도 직접 한다. 회사와 고객 사이에 다른 업자가 끼어들지 못하도록 막았기 때문에 바닥에 뿌리는 시간이 그만큼 줄어든다. 덕분에 납품까지의 시간도 줄어든다.

판매망을 보유하면 여러 모로 유리하다. 중간에 업자가 개입하지 않으므로 이익은 고스란히 우리 몫이다. 당연히 판매를 다른 업체에 맡긴 회사에 비하여 수익이 더 클 수밖에 없다. 에이원정밀의 높은 경상이익률은 우리가 단순히 제조업체가 아니기 때문에 가능하다. 제조부문에서 20%, 판매부문에서 15%의 수익이 발생, 도합 35%가 된다.

판매망을 갖추기까지는 오랜 시일이 걸렸다. 우리는 장기간에 걸쳐 에이원정밀이라는 브랜드로 시장을 두드렸다. 또한 남보다 한발 앞서 수주와 발송 체제를 정비했다. 기초가 튼튼히 잡혔기 때문에 오늘날 제조와 판매가 가능한 것이다.

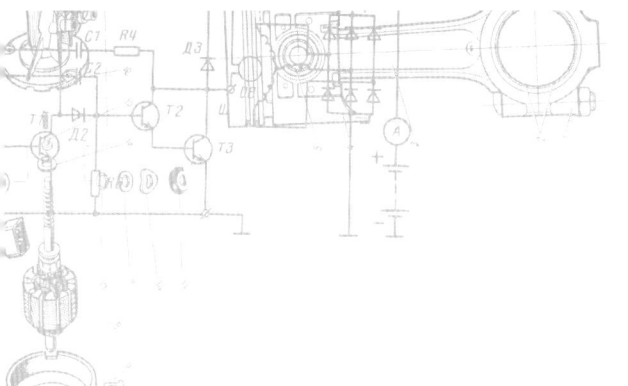

04

동기부여가
빠른 납기를 만든다

마더보드, CPU가 다 갖춰져 있어도 전기가 없으면 컴퓨터가 작동하지 않는다. 심장, 간, 콩팥, 위장이 다 갖춰져 있어도 혈액이 없으면 인체가 생명을 유지할 수 없다. 마찬가지로 공장 설비가 완비되어 있어도 사람이 없으면 공장은 가동될 수 없다.

사람이 일을 한다. 아무리 최신 기계를 쓰고 넓은 공장을 보유하더라도 사람이 없으면 공장은 돌아가지 않으며, 시간 역시 절약될 수 없다. 에이원정밀의 짧은 납기가 가능한 이유를 딱 한 가지만 꼽으라면 바로 사람이다.

에이원정밀의 직원들은 일에 대한 동기부여가 상당히 높다. 일하기 싫은 사람 100명을 앉혀 놔도 일하고 싶어 하는 사람 1명을 못 당한다. 일에 대한 의욕이 없는 사람은 퇴근 시간에 들어온 주문을 달가워하지 않는다. 결국 일거리는 다음 날로 넘어간다.

뻔한 소리 같지만 직원이 주인 의식을 지녀야 한다.

'이 회사는 나의 회사다.'

만일 회사가 사원을 소중히 여기지 않는다면 사원은 도망칠 궁리만 하게 된다.

문제는 '소중히'이다. 어떻게 하는 것이 '소중히 대하는 것'일까. 물론 내 말은 너무 쉽다. 사원을 신뢰하고, 아무것도 감추지 않으며, 이익이 나오면 누구나 납득할 수 있도록 사원에게 분배한다. 그런데 왜 '소중히' 대하지 못하는 것일까? 문제는 실천이다. 에이원정밀은 이 모두를 실천한다.

이 장에서는 여기까지만 말하겠다. 잠시 쉬었다가 다음 장에서 에이원정밀이 직원들의 동기부여를 위해 어떻게 노력하는지 살펴보자.

4장

이것이 이익을 내는
경영이다

빠른 납기가 가능한 이유를 설명하다 보면

나는 반드시 사원 이야기까지 꺼내게 된다.

빠른 납기에 특별한 비결이 있을 것이라고 착각해서는 안 된다.

일은 노하우로 하는 것이 아니라 사람으로 하는 것이다.

경영자가 사원을 소중히 여길 때,

그리고 직원이 안심하며 일할 수 있는 환경을 만들었을 때

비로소 공장은 가동된다.

01

차가운 돈이 아니라
뜨거운 마음을 주어라

직원 4~5명을 거느리고 캠 제조 공장을 운영하던 시절의 일이다. 그때 나는 야마나시 현 니라사키 시에 5,000평이 넘는 공장 부지를 매입했다.

공장 부지는 넓으면 넓을수록 좋다. 하지만 본사 인근 부지는 너무 비쌌다. 당장 필요치 않은 부지를 마련하기 위해 큰돈을 쓸 만큼 여력은 없었다. 그러던 어느 날, 야마나시 현에 광대한 토지가 매물로 나왔다는 소식을 들었다. 넓이도 충분했다. 가격도 본사 인근 지역에 비해 1/4 수준이었다. 그렇다고 해도 내게는 부담

스런 가격이었다. 하지만 나는 땅을 구입하기로 결심했다.

사원이 고작 4~5명밖에 없는 작은 회사가 5,000평이 넘는 부지를 매입한다는 것은 상식 밖의 일이다. 하지만 나는 망설이지 않았다.

'지금은 작은 회사에 불과하지만, 언젠가 업계 최고의 자리를 차지할 것이다. 그렇다면 당연히 이 정도 넓이의 부지가 필요할 것이다. 당장은 무리지만 어떻게든 매입하는 것이 좋겠다.'

야마나시 현의 부지를 매입하기로 결정한 이유는 두 가지이다.

첫째, 교통수단이 편리했기 때문이다.

당시만 해도 도로는 오오츠키까지만 뚫려 있었다. 하지만 가까운 미래에는 오카야 시까지 연결된다는 사실을 알고 있었다. 그럼 야마나시 현도 결코 나쁜 입지가 아닐 것이라고 판단했다. 왜냐하면 일본 유수의 정밀부품 제조업체는 '동양의 스위스'라고 불리는 오카야 시에 밀집해 있기 때문이다. 그래서 오카야 시로 진입하기 쉬운 곳에 공장이 있으면 일을 구하기 쉽겠다고 판단했다.

둘째, 야마나시 현의 직원들에게 도쿄와 비슷한 수준의 급여를 준다면 사원들이 빨리 자신의 집을 마련할 수 있을 것이라고 생각했기 때문이다.

나는 회사를 세울 때부터 사원들의 집 장만에 늘 관심을 기울였다.

아버지가 경영하던 회사가 망하고, 가족이 집을 잃고 갈기갈기 찢어져 생활했던 기억 때문이다. 설날이 돌아와도 우리 가족은 한자리에 모일 장소가 없었다. 궁여지책으로 음식점에 모여서 명절을 보냈지만 집이 없다는 사실이 두고두고 마음에 걸렸다. 그 때문에 나는 누구보다 집에 대한 집착이 강했다. 그래서 없는 살림에 땅을 덜컥 구입했던 것이다.

야마나시 현의 부지를 사둔 덕에 훗날 발주가 급격히 늘어났을 때도 설비 부족으로 일거리를 놓치는 일은 없었다. 또한 야마나시 공장에서 근무하는 사원들도 고생하지 않고 집을 살 수 있었다며 고마워한다.

그 직원들은 어떤 마음으로 회사를 바라볼까. 나는 그들의 눈망울에서 그들의 마음을 읽을 수 있다. 그들은 회사를 고맙게 여긴다.

직원을 소중히 여긴다는 말은 바로 이런 뜻이다. 단순히 일거리를 주고 월급을 주는 것이 전부가 아니다. 미래에 대한 불안감 없이 회사를 다닐 수 있도록 최내한 배려해야 한다.

우리는 큰 물의를 일으키지 않는 한 정년이 될 때까지 직원을 해고하지 않는다. 경우에 따라서는 정년 후에 다시 채용하기도 한다. 실제로 그런 사례가 많다.

최근의 회사들은 어떤가. 구조조정이라는 미명 아래 사원들을 마구 해고한다. 하지만 우리는 설령 그 길이 최선이라고 하더라도 따르지 않을 작정이다. 우리의 모토는 '종신고용'이다.

경제적인 불안감이 커지면 사람은 일에 집중하지 못한다. 언제 어떻게 해고될지 모르는데 일이 손에 잡히겠는가. 정년이 보장되어야 미래에 대한 불안과 두려움을 떨치고 주어진 일에 매진할 수 있다.

반대의 경우는 어떨까. 회사가 사원을 해고하지는 않아도 사원이 먼저 사표를 던지는 경우도 종종 있다. 만일 그런 일이 벌어지면 회사가 사원을 소중히 여기지 않았기 때문이라고 생각하라.

선비는 자신을 알아주는 사람을 위해서 목숨을 바치고, 사원은 자신을 소중히 여기는 회사를 위해 최선을 다한다. 그런데 대부분의 경영자는 반대로 생각한다. 회사를 위해 열심히 일하면 그만큼 대우해주겠다고 말이다.

경영자는 힘이 세고, 직원은 힘이 없다. 강자가 먼저 손을 내밀고 챙겨주어야 한다. 개와 같은 미물도 자신을 아껴주는 사람을 따르기 마련인데 사람이야 오죽하랴.

빠른 납기가 가능한 이유를 설명하다 보면 나는 반드시 사원 이야기까지 꺼내게 된다. 빠른 납기에 특별한 비결이 있을 것이라고 착각해서는 안 된다. 일은 노하우로 하는 것이 아니라 사람으로 하는 것이다. 경영자가 사원을 소중히 여길 때, 그리고 직원이 안심하며 일할 수 있는 환경을 만들었을 때 비로소 공장은 가동된다.

"사원을 소중히 여기는 경영자의 마음"

"직원이 안심할 수 있는 고용 환경"

이 두 가지가 수레의 앞바퀴와 뒷바퀴가 되어 회사를 이끈다. 바로 에이원정밀이 그런 회사이다. 나는 자랑스럽게 얘기할 수 있다.

종종 이런 푸념을 늘어놓는 경영자를 만난다.

"에이원정밀은 돈도 많이 버니까 사원들에게 잘해줄 수 있는 것 아닙니까. 우리처럼 벌이가 시원치 않은 회사는 월급을 많이 줄 수 없어요. 무슨 수로 사원들을 관리하란 말입니까."

이는 잘못된 발상이다. 사원을 소중히 여긴다는 말은 분수에 넘치는 좋은 조건을 제공하라는 뜻이 아니다.

물론 에이원정밀의 급여와 상여금은 업계에서도 좋은 편에 속한다. 하지만 이는 사원 모두가 열심히 일한 결과이다. 이익이 창출되면 사원들에게 골고루 분배해야 한다. 없는 돈까지 만들어서 지급하라는 뜻이 아니다. 성실히 일한 사원이 있으면 그의 노력과 희생을 인정해 주고, 이에 대해 고마움을 표시하라는 뜻이다. 차가운 돈이 아니라 뜨거운 마음을 주어라. 뜨거운 마음이 담긴 돈은 그 액수의 많고 적음을 떠나 누구나 감사하며 받는다. 이것이 바로 사원을 소중히 여기는 길이며, 이런 회사의 사원들은 자발적으로 일한다. 사람은 돈만으로 움직이는 기계가 아니다. 돈으로 유혹하지 말고, 마음으로 움직여야 한다.

02

주주가 아닌
사원 중심의 경영을 펼쳐라

경영자는 적은 월급으로 더 많은 일을 시키고 싶어 한다. 직원은 적은 일로 많은 월급을 받고 싶어 한다. 인지상정이다. 그런데 최근에는 이런 인식의 차이가 점점 더 벌어지고 있다.

다행히도 에이원정밀의 사원들은 '회사는 늘 보다 좋은 환경을 제공하려고 노력한다'며 회사를 이해해 준다. 나는 직원들의 이런 마음이 회사 발전에 큰 역할을 담당한다고 생각한다. 그렇다면 직원들은 어떻게 해서 이런 마음을 갖게 된 것일까?

사원들은 무의식중에 경영자를 관찰한다.

'우리 사장은 나를 소중히 여기고 있을까?'

말로는 사원을 위한다고 아무리 떠들어도 정작 행동이 따르지 않으면 사원들은 경영자를 신뢰하지 않게 되고, 나아가 회사 일에도 흥미를 잃게 된다. 이 때문에 에이원정밀에서는 작은 일에서부터 직원 중심의 근무 환경을 만들기 위해 노력한다. 예컨대 밝은 형광등으로 전등을 교체하는 따위이다. 전기세가 많이 들기는 하지만 쓸데없는 낭비라는 생각은 들지 않는다. 공장 안이 밝은 만큼 사원들의 눈에 피로가 덜 쌓이고 그만큼 효율성을 높일 수 있기 때문이다.

회사 주주 입장에서는 별로 달갑지 않은 일일지 모른다. 그러나 나는 절대로 정책을 바꿀 생각이 없다. 만일 주주총회에서 형광등 문제가 거론된다면 나는 맞서 싸울 것이다. 회사는 주주의 것이기도 하지만 경영자를 포함한 모든 사원의 것이기도 하다.

우리는 주주와 사원 가운데 누구를 염두에 두고 회사를 운영해야 할까. 나는 단연코 사원이라고 주장한다. 사원은 매일 구슬땀을 흘리며 이윤 창출을 위해 열심히 일한다. 하지만 주주는 새로운 이익을 창출할 수 없다. 이런 이유에서 나는 지금껏 사원을 무게중심에 놓고 회사를 경영해왔다.

에이원정밀을 자스닥에 상장하면서 나는 모처럼 마음먹고 있던 계획을 실천했다. 내가 보유하던 주식을 팔아 사원이 주주가 될 수 있도록 길을 튼 것이다. 근속연수에 따라 주식 할당량을 정하고 파트타이머도 정직원과 동일한 조건으로 주식을 매입하도록 했다. 이제 그들은 말로만 주인이 아니라 진짜 주인이 되었다.

사람들은 파트타이머에게도 주식 매입의 기회를 줄 필요가 있느냐고 묻는다. 그러나 나는 그들이 없었다면 에이원도 존재하지 않았을 것임을 잘 안다.

에이원정밀의 파트타이머는 대부분 공장 주변에 거주하는 주부들로, 일반 사무를 담당하고 있다. 회사 규모가 작다보니 대졸 사원을 채용하기 어려워 파트타이머를 채용한 것이다. 이들은 정규직보다 급여가 적지만 상여금만큼은 정직원과 동일하게 지급한다. 회사를 위해 열심히 일했다는 점에서 일반 사원과 다르지 않기 때문이다. 그래서 주식 매입 또한 정직원과 동일한 조건으로 제공했다.

중소형 제조공장은 전형적인 3D 직장이다. 그럼에도 불구하고 이들 파트타이머는 아무 불평 없이 열심히 업무에 임한다. 이들의 희생이 오늘날 에이원정밀의 토대가 되었다. 현재 에이원정밀은 우수한 파트타이머를 정직원으로 채용하기도 하는데 파트타이머로 시작하여 임원이 된 사람도 있다.

월급은 연공서열로, 상여는 성과에 따라

　최근에는 성과배분방식에 따라 급여를 지급하는 회사가 늘고 있다. 하지만 에이원정밀은 연공서열에 따라 급여를 지급한다. 예를 들어 입사한 지 얼마 안 된 22세의 사원과 15년간 근속한 37세의 사원이 있다고 하자. 이 두 사람이 1년간 똑같은 성과를 올렸을 경우, 성과배분방식에 따르면 이듬해에 둘은 동일한 급여를 받게 된다. 하지만 독신이고 생활비가 적게 드는 22세 사원과 처자식이 딸린 37세의 사원에게 같은 급여를 지급하는 것이 과연 정당한 대우일까.

사람은 나이를 먹고 가정을 꾸리게 되면 주택 대출금과 자녀교육 등 생각보다 많은 생활비가 든다. 그렇기 때문에 연공서열에 따른 급여 지급이 성과배분방식보다 더욱 현실적이라고 생각한다. 또한 회사에 대한 기여도 측면에서 살펴보면 신입사원과 15년간 근속한 사원 사이에는 많은 차이가 존재한다. 이를 무시한 채 눈에 보이는 단기간의 성과만을 기준으로 급여를 정한다면 이는 도리에 어긋난 처사이다.

물론 반론을 제기하는 사람도 있을 것이다. 논리에 맞지 않는다며 비난할지도 모른다. 하지만 옳든 그르든 내 지론은 연공서열에 따라 급여를 지급하는 것이다.

반면 상여금은 실력에 따라 차등 적용한다. 한번은 입사 3년차 사원이 20년차 사원보다 훨씬 많은 상여금을 받기도 했다. 이렇게 상여금을 차등 적용하기 위해서는 누군가 한 명은 인사고과를 관리해야 했다. 예전에는 내가 직접 관리했다. 하지만 사원이 100명 가까이 되자 일일이 챙기기 힘들어져 지금은 각 부서의 장에게 일임시켰다. 참고로 에이원정밀에서 부장은 직함이 아니다. 부서 내에서 자연스럽게 생겨난 리더를 부르는 호칭이다.

과기에는 항목 을 세세히 구분하여 접수를 매겼지만 너무 엄격하게 채점하다 보니 인사고과를 위한 인사고과가 되어 가는 것

같았다. 현재는 항목을 최소화하여 간단히 5단계로 평가한다. 아직까지 인사고과에 불만을 제기한 사원이 없는 것을 보면 원활히 잘 이뤄지고 있는 것 같다.

에이원정밀은 상여금을 '이익분배금'이라고 한다. 지급일은 1년 두 차례로 여름에 한 번, 겨울에 한 번 지급한다. 직원들은 매달 통보를 통해 자신이 받을 액수를 미리 알 수 있다. 우리는 매월 회사의 이익을 산출하여 사원 1명에게 배당되는 이익분배금을 계산한 뒤 다음 달 급여명세서에 기재한다. 즉 1월의 이익분배금은 2월의 급여명세서에 기재된다. 이렇게 12월부터 5월분까지의 이익분배금을 합하여 6월에 지급하고, 6월부터 11월분의 합계를 12월에 지급한다.

에이원정밀은 매출 목표가 없다. 반면 매출과 경비 등의 회계 관련 정보는 늘 공개한다. 이를 통해 사원은 회사가 얼마만큼의 이익을 창출했는지 파악할 수 있다. 매출이 늘면 그만큼 자신의 이익분배금이 많아진다는 사실을 직접 피부로 느낄 수 있으므로 매출 목표를 정하지 않아도 스스로 열심히 일한다.

또한 퇴사한 사원에게도 사표 수리 전달까지의 이익분배금을 지급한다. 물론 퇴직금과는 별도이다. 주주 입장에서는 마뜩찮겠지만 내 생각은 다르다. 사람이 살다보면 언제 무슨 일이 생길지 모르는 법이 아닌가. 일하고 싶어도 개인적인 사정 때문에 회사를 그만두는 사람도 있다. 무엇보다 일한 만큼의 대가이므로 지급하는 것은 당연하다.

일이란 자기 살을 조금씩 떼어내서 파는 것과 비슷하다. 그들이 우리에게 살을 주었기 때문에 우리가 매출을 올릴 수 있었다.

과거에 견습생이던 시절이 있었다. 그때 나를 보살펴주던 분이 있었다. 막 옮겨 심어진 어린나무를 지지해주던 그분의 손길을 나는 아직도 기억한다.

당신 역시 누군가에게 도움을 받은 기억이 있을 것이다. 문제는 이를 기억하고 가슴 속에 새겼느냐 하는 점이다. 그 기억을 잊지 말았으면 좋겠다. 그때 받았던 그 따뜻한 보살핌이 우리를 보다 나은 사람으로 만들어줄 것이다.

회사 밖에서는
인사하지 않는다

최근 '삶과 일의 조화(work life balance)'라는 말이 화제를 모으고 있다. 일과 사생활을 명확히 구분하고 개인 시간을 소중히 여기자는 생각이다. 하지만 이미 오래 전부터 업무 시간과 개인 시간을 철저히 구분했던 내게는 그리 신선한 이슈는 아니다.

회사 문을 나서면 나는 사장의 신분에서 우메하라 가쓰히코라는 개인으로 돌아간다. 퇴근 후 개인 시간을 한창 누리고 있는데 '사장님' 하고 직함으로 불리면 얼마나 김이 새겠는가. 농담 반 진담 반으로 사원들에게 이렇게 말한다.

"밖에서 마주치면 인사하지 않아도 좋으니 그냥 모르는 척하고 지나가게."

그래서인지 길거리에서 마주쳐도 우리는 못 본 척 지나친다.

또한 퇴근한 후에는 집으로 전화 거는 일도 금하고 있다. 지금까지 나는 단 한 번도 집에서 일을 한 적이 없다. 회사 봉투조차 들고 귀가한 적이 없다. 집에 들어서는 순간 회사 일은 깡그리 잊는다. 그래서 아내는 에이원정밀의 주식 상장 소식을 신문으로 접했다.

"일은 회사에서."

평소 나의 신조이다. 이렇게 일과 삶을 철저히 구분해야 회사에서 녹초가 되어 귀가해도 마음 편히 쉴 수 있지 않겠는가. 어느 명의가 한 말이다.

"밥 먹을 때는 밥 먹고, 잠잘 때는 잠자고, 쉴 때는 쉬고, 일할 때는 일하면 그게 무병장수의 지름길입니다."

그러나 우리는 밥 먹으면서도 돈 생각, 잠잘 때도 일 생각에 쫓겨 무엇 하나 제대로 하는 일이 없지 않은가.

그런데 내 주위의 경영자들은 생각이 다른 모양이다. 그들은 1년 내내 일과 함께 산다. 아마도 '삶과 일의 조화'라는 말을 들으면 무슨 말인지 못 알아듣거나 혹은 복에 겨워하는 소리라며 혀를 끌끌 찰지도 모른다. 그러나 그들은 일이 좋아서 일을 한다기보다는 일을 하지 않으면 초조하고 불안하기 때문에 일을 하는 사람들이다.

본인이 그런 삶의 방식에 만족한다면야 어쩔 수 없지만, 자기가 쉬지 않는다고 휴일까지 직원들을 혹사시켜서는 안 된다. '죽을 때까지 일만 하겠다'는 생각은 자신이 선택한 삶의 방식이지 남에게 강요할 수 있는 것은 아니다. 아무리 경영자라도 사원의 개인 시간을 빼앗을 권리는 없다.

다른 회사에서 종업원으로 근무할 때부터 나는 야근은 물론 휴일 근무조차 무척 싫어했다. 사업을 시작한 후에도 사원들에게 최대한 야근을 시키지 않으려고 노력했다. 간혹 자발적으로 야근을 하거나 휴일 근무를 하는 사원도 있었지만 회사에서 야근을 시킨 적은 공장 이삿날 말고는 단 하루도 없었다.

물론 고객의 갑작스런 주문에 야근에 돌입해야 할 때가 있다. 하지만 매일 밤늦게까지 일에 매달린다고 해서 성실한 직원이 되는 것은 아니다. 에이원정밀에서는 오히려 야근을 많이 하는 사람에게 낮은 평가를 내린다. 똑같은 일을 처리하는데 10시간 걸리는 사람과 8시간 걸리는 사람이 있다면 당연히 8시간 만에 끝마치는 사람이 회사로서는 이득이기 때문이다. 야근을 한다는 말은 요령이 나쁘고 집중력이 떨어진다는 의미이다.

일에 임해서는 절대 여유 있는 사람이 되어서는 안 된다. 컵에 물이 반 있을 때 긍정적인 사람은 '물이 반이나 남았다'고 여긴다. 반면 부정적인 사람은 '반밖에 없다'고 여긴다. 보통 이 얘기는 긍정적인 사고의 중요성을 언급할 때 드는 비유이다. 그러나 업무에 임할 때는 시간이 반밖에 없다는 생각으로 임해야 한다.

'퇴근 시간까지 못 하면 야근하지 뭐.'

'주말에 나와서 일하면 되지.'

이렇게 여유를 부려서는 안 된다. 시간 안에 일을 끝마치지 못하면 종일 일에 파묻혀 사는 결과를 낳는다.

유능하다는 것은 성과와 효율로 판단되는 것임을 잊지 말자.

경력자는 뽑지 않는다

중소기업의 인력난은 하루 이틀 사이의 문제가 아니다. 더구나 경비 들여 애써 채용하면 어느 날 갑자기 사표를 던진다. 하지만 에이원정밀은 직원 채용으로 애를 먹었던 적이 거의 없다. 큰 비용을 투자하지 않아도 인재가 필요하면 언제든지 구할 수 있었고, 중도에 퇴직하는 사람도 드물었다. 최근 몇 년 사이에는 정년 퇴직자 외에는 한 명도 그만둔 사람이 없다.

사원 채용에 어려움을 겪지 않은 이유는 무엇일까.

사원들이 다니고 싶은 회사를 만들었기 때문이다. 우리는 따로 인사 채용을 할 필요가 없을 만큼 사원들이 우수한 인재를 데려온다.

예컨대 이렇다. 어떤 사원이 에이원정밀과 인연이 닿아 입사했다고 하자. 처음에는 '평범한 마치코바에 불과하겠지.' 하는 생각으로 일을 한다. 다녀보니 회사가 사원을 배려해주고, 급여도 생각보다 나쁘지 않다. 몇 개월 더 다녀보자고 결심한다. 그 후 수개월에 걸쳐 일을 배우면서 회사가 어떻게 돌아가는지 파악한다. 이익이 생기면 그만큼 사원에게 돌려준다. 경영자도 거만하지 않다. 늘 현장에 나와서 사원과 함께 일을 하니까 왠지 모르게 믿음도 생긴다. 이 정도면 꽤 괜찮은 회사에 들어온 것 같다. 만족도가 높아진다. 그러다 친구를 만나면 회사 자랑을 늘어놓는다.

그러면 평소 직장 때문에 골머리를 앓던 친구가 자리 좀 알아봐달라고 부탁을 한다. 그리고 몇 년 사이에 자리가 늘거나 공석이 생기면 면접 보고 정직원으로 채용한다. 이렇게 에이원정밀은 직원이 회사 자랑을 하면서 다니기 때문에 다른 회사보다 직원 채용이 수월하다. 중소기업의 인력난은 에이원정밀과는 거리가 먼 이야기이다.

참고로 파트타이머로 근무하던 어느 주부는 남편을 에이원정밀로 전직시켰다.

물론 에이원정밀이 아무나 뽑는 것은 아니다. 우리에게는 특별한 채용 조건이 있다. 이 분야의 경력자는 무조건 탈락이다. 경력자들은 예전에 근무하던 회사에서 익힌 기술 때문에 에이원정밀의 방식을 습득하는 데 어려움을 겪는다. 차라리 무경험자가 회사 입장에서도 가르치기 편하고 업무를 익히는 속도 또한 빠르다. 비유하자면 컵에 물이 가득 담겨 있어서는 새로운 물을 담을 수 없는 것과 같다. 마음에 아직 아무것도 새겨져 있지 않은 어린아이와 같은 사람이 우리에게는 적합하다.

그만큼 우리는 장기적인 안목에서 직원들을 가르치고, 또한 오랫동안 일할 수 있도록 근무 환경을 조성한다.

기왕이면 '한번 입사했으니 기술을 제대로 익힐 때까지는 꾸준히 다녀보자'는 생각을 갖도록 만드는 것이 중요하다. 도중에 그만두면 본인과 회사 모두 손해다.

에이원정밀에 입사하면 콜릿 척(collet chuck)이든 연마든 처음 배정된 업무를 오랫동안 맡게 된다. 최소한 수년간 한 기계를 다루어야 뛰어난 기술자가 될 수 있기 때문이다. 그런데 만일 중도에서 그치게 되면 그때까지 배우고 익힌 기술은 한순간에 물거품이 된다. 이는 본인뿐 아니라 회사에도 상당한 손실이다.

과거에는 전국을 떠돌며 기술을 익혔다. 하지만 지금은 그런 시대가 아니다. 이직하더라도 월급이 오를 거라는 보장이 없다. 한 곳에 진득이 머물며 일할 수 있는 회사를 선택하는 게 바람직하다. 경영자 또한 소중한 인재가 마음을 달리 먹지 않도록 쾌적한 근무 환경을 조성해야 한다.

최근에는 인건비 삭감을 위해 파견사원을 채용하는 회사가 늘고 있다. 그러나 에이원정밀은 파견사원을 채용하지 않는다. 파견 사원에게 맡길 만한 일도 없거니와 이들에게는 '자기 회사'라는 의식이 없기 때문이다. 회사에 애착이 없는 사람은 좋은 기술을 접해도 익히려고 달려들지 않고 회사 또한 뭔가 가르쳐 보겠다는 의욕도 생기지 않는다.

우리는 모두 평사원, 조직은 따로 없다

에이원정밀에는 조직과 직함이 없다. 경영자를 포함한 모든 사원이 평사원이다. 공장에 경영자가 나타나도 누구 하나 긴장하지 않는다. '퇴근길에 이것 좀 본사에 갖다 주세요' 하고 커다란 박스를 건네기도 한다. 전 직원이 분주하게 몇 가지 일을 동시에 처리하기 때문에 경영자든 고문이든 남는 손이 있다면 사원을 돕는다. 에이원정밀의 경영자는 작업복을 입고 사원들과 함께 일한다.

다른 회사 사람들이 보면 의아해할지도 모르겠다.

'각자 맡은 일이 다르다. 대리가 과장의 업무를 대신할 수는 없는 법이 아닌가. 누군가는 상사가 되어야 하지 않겠는가.

하지만 에이원정밀에서는 통하지 않는 이야기이다. 서로가 서로의 실력을 잘 알기 때문에 결원이 생겨도 대체할 수 있고, 협력에도 전혀 문제가 없다. 그래서 우리에게는 조직이 없다.

나는 이것이 바로 낭비를 줄이는 방법이라고 생각한다. 경영자가 어깨를 으쓱거리며 간부 몇 명 대동하고 현장을 둘러보며 잔소리를 늘어놓으면 사원들은 무슨 생각을 할까. '그럴 시간이 있으면 월급이나 올려라.' 하며 입을 죽 내밀지 않겠는가.

에이원정밀의 젊은 사원들은 공장 운영의 효율성을 높이기 위해 서로 의견을 교환한다. 예를 들면 이 기계를 뒤로 옮기면 재료 이동이 편해지겠다거나 기계를 조금만 틀면 동선을 최단거리로 만들 수 있다는 식이다. 자신이 좀 더 효율적으로 일을 처리하면 성과가 오르고, 보다 많은 이익을 창출할 수 있음을 알기 때문에 경영자가 간섭하지 않아도 사원들끼리 힘을 모아 아이디어를 모색한다.

조직에 대해서 우리는 한 번쯤 의문을 품어봐야 한다. 조직은 회사를 효율적으로 운영하기 위해서 만든 것이지만 대부분은 회사 운영에 걸림돌로 작용하고 있지는 않은가. 나의 제언은 이렇다. 일단 경영자는 경영자 대 직원이라는 이분법적인 시각을 버려야 한다. 회사의 소유자는 경영진이고 사원은 그저 부속품에 지나지 않는다고 생각하면 그 회사에는 발전이 없다. 어떤 사원도 지시한 일 외에는 아무 일도 하지 않을 것이고, 귀찮은 업무에서 손을 떼려고 할 것이다. 경영자와 직원은 단지 효율성에 따라 임의적으로 나뉜 것일 뿐이다. 둘 다 회사의 주인이라는 생각에서 출발해야 한다. 그러기 위해서는 일단 사장이 자신의 독방에서 나와 현장 직원들과 호흡을 함께해야 한다.

그러나 현실은 어떤가. 대부분의 회사는 회의조차도 위계질서를 확인하기 위해 진행하는 것처럼 보인다.

에이원정밀은 오래 전부터 회의를 거의 하지 않는다. 잘해야 1년에 30분 정도 될까. 조회도, 시무식도 없다. 그렇다고 회의 대신 따로 하고 있는 것도 없다. 처음부터 회의 따위는 없었다.

에이원정밀에서는 복잡하게 상의할 만한 일이 없다.

주문('오늘은 이런 제품을 완성해서 납품해 주세요.')을 받으면 생산하여 납품하면 땡이다. 업무에 대한 고민도 오직 하나밖에 없다.

"어떻게 하면 좋은 제품을 싸게 그리고 빨리 만들 수 있을까?"

이런 얘기를 듣자고 직원을 한자리에 모이게 할 필요가 있을까? 오히려 그럴 시간이 있으면 업무에 임하는 것이 고민을 줄이는 지름길이다.

물론 사원에게 미리 알려주어야 할 내용이 있을 때도 있다. 그때도 굳이 회의를 열 필요는 없다. 눈에 띄는 대로 '저쪽 기계를 미리 정비해두자'고 말해두면 해결된다. 사원 사이에 문제가 발생하면 대화를 통해 그 자리에서 즉시 해결한다. 물론 대기업이 아닌 중소형 제조공장이기 때문에 가능한 일이겠지만 현재 에이원정밀은 이 방식에 따라 잘 운영되고 있다.

에이원정밀에는 대기업과 같은 회의는 없지만 사원 간의 커뮤니케이션은 발달해 있다. 대화를 통해 얻은 결론은 업무에 그대로 반영한다. 다만 사원이 내린 결론과 경영자의 의견이 다를 때만 전체 회의를 연다. 그게 1년에 30분이다. 그 외의 전반적인 사항은 사원들이 직접 결정한다.

'그렇게 사원을 믿다가 큰일이라도 나면 어쩌느냐'고 걱정하는 사람도 있다. 그러나 사원과 경영자가 '좋은 제품을 싸게 그리고 빨리 만들자'는 동일한 가치관을 갖고 있기 때문에 아직까지는 큰 문제가 없었다. 의견이 극단적으로 대립했던 적은 한 번도 없었다는 말이다.

우리는 이렇게 조직 없이도, 회의 없이도 잘 운영되었다. 다만 조직이 없어서 불편을 겪었던 적이 한 번 있었다. 주식을 상장할 때였다. 조직이 없으면 책임 소재가 불분명하여 심사를 통과할 수 없다고 한다.

그러나 나는 책임 소재를 따지는 것 자체에 문제가 있다고 생각한다. 책임은 개개인이 질 문제가 아니다. 업무상의 책임은 회사가 지면 그만이다.

일을 하다보면 누구나 실수를 저지른다. 나도 6천 만 엔짜리 기계를 구입했다가 4천 7백만 엔의 손해를 감수하고 처분한 적이 있다. 하지만 그에 대한 어떤 책임도 지지 않았다.

일에는 반드시 실패가 따르기 마련이다. 회사를 위해 한 일이 결과적으로 손해를 끼칠 수도 있다. 그럴 때마다 책임자를 가리고 문책한다면 어느 누가 어려운 일에 도전하려고 하겠는가. 직원의 사기 저하는 물론 현장에 꼭 필요한 활기 역시 사라지고 말 것이다.

07

직원을 관리 대상으로
여겨서는 안 된다

에이원정밀에는 조직과 회의 이외에 없는 것이 하나 더 있다. 바로 타임카드이다. 창업 이래 공장과 본사에서 타임카드를 사용한 적은 단 한 번도 없다. 아무리 동네 공장이라지만 100여 명에 이르는 직원을 어떻게 관리하느냐고 궁금해 하는 사람도 있다. 이에 대한 답은 의외로 간단하다.

에이원정밀은 처음부터 사원을 관리하지도 않았고 관리할 생각도 없었다. 그래서 타임카드를 쓰지 않았다. 다만 사원의 출결 관리를 위해 출근부가 있기는 하지만 이것 역시 다른 회사에서 이뤄지는 관리와는 성격이 다르다. 또한 에이원정밀에는 근무의 시작과 끝을 알리는 벨조차 울리지 않는다.

사실 나는 사람을 관리한다는 것 자체가 무리라고 생각한다. 타임카드가 있더라도 속이려 들면 얼마든지 속일 수 있는 것이 사람이다. 가령 공장 밖에서 담배를 피우며 시간을 때우다 퇴근 시간보다 1시간 늦게 타임카드를 찍으면 1시간의 야근비를 거뜬히 벌 수 있다. 그래서 나는 사원이 게으름을 피우는지 아니면 열심히 일하는지 살피는 것보다 각자의 양심에 맡기는 편이 훨씬 낫다고 생각한다.

만일 내게 '우리 직원들은 조금만 풀어주면 게으름을 피워요. 그래서 어쩔 수 없이 관리해야 해요.' 하고 하소연한다면 주저 없이 이렇게 말할 것이다.

"그건 사원에게 문제가 있는 것이 아니라 경영자인 당신에게 문제가 있기 때문이다."

사원은 경영자의 일거수일투족을 집요하게 살핀다. 경영자가 솔선수범하여 열심히 일한다면 사원은 게으름을 피우려고 하다가도 업무에 집중하게 되고, 비리를 저지르려 하다가도 이내 반성하고 제자리로 돌아온다.

그런데도 만일 사원을 관리해야 마음이 놓인다면 이는 경영자의 마음 한 구석에 '회사는 나의 것'이라는 생각이 자리 잡고 있기 때문이다. 달리 말해 사원에게 더 많은 일을 시키고 자신은 편히 지내려는 이기적인 생각이 있다는 말이다.

참고로 에이원정밀에는 조직과 직함, 회의 이외에 사내 교육도 실시하지 않는다. 유명강사를 초빙해서 강의를 한들 사람이 한순간에 달라질 수 있을까. 자녀 교육과 마찬가지로 사원은 선배 사원과 경영자의 모습을 보고 배우며 자신의 실력을 키워나간다. 그래서 에이원정밀의 업무 교육은 모두 현장에서 이뤄진다. 모르는 것이 있으면 바로바로 선배나 경영자에게 물어본다.

경영자의 솔선수범 외에 더 좋은 사원 교육법이 있다면 그것은 언제 어디서나 누구에게든 질문할 수 있는 근무 환경을 만드는 일이다.

5장

기업의 의무를 잊지 말라

세금을 단지 이익을 갉아먹는 비용으로 생각한다면
이는 '우물 안 개구리'식 발상이다.
기업은 철저히 사회 속에서 존재한다.
나는 어린 시절 세금의 혜택을 입었기에
지금의 자리에 있을 수 있었다.
우리는 세금에 대한 시각을 바꾸어야 한다.

세금 납부를
싫어하지 않는 이유

기업의 사회적 의무에 대해 망각하는 경영자를 과연 경영자라고 부를 수 있을까?

경영자는 무엇보다 이익에 집중해야 한다. 돈이 되지 않는 사업은 일찌감치 그만두는 편이 낫다. 나 역시 충분한 이익이 예상되지 않는 일에는 결코 손을 대지 않았다.

하지만 수익을 높이기 위해 세금을 빼돌리는 행위는 경영자답지 못한 비겁한 행위이다. 내가 말하는 이익에 집중하는 경영자란 정당한 방법으로 수익을 거두는 사람을 뜻한다.

일부러 세금을 많이 내라는 뜻이 아니다. 세금을 아끼는 방법을 고민하는 것도 경영자의 일 가운데 하나이다.

하지만 거동도 못하는 할머니를 회장으로 세워 임원보수를 빼돌리는 일은 비겁하다.

세금을 절약하는 방법 중 괜찮다고 생각하는 것은 기계나 설비의 감가상각비뿐이다. 반대로 결산하는 사람에게 잘 보이기 위해 감가상각비를 올리지 않는 행동은 잘못이다. 감가상각비는 철저히 계산하여 반영하되 이익이 나면 기분 좋게 세금을 내야 한다.

세금을 단지 이익을 갉아먹는 비용으로 생각한다면 이는 '우물 안 개구리'식 발상이다. 기업은 철저히 사회 속에서 존재한다. 나는 어린 시절 세금의 혜택을 입었기에 지금의 자리에 오를 수 있었다. 우리는 세금에 대한 시각을 바꾸어야 한다. 이제 기업은 사회적 책임을 논하지 않고는 존립할 수 없게 되었다. 세금은 기본적인 사회적 의무이다.

내가 일을 시작한 것은 12살 때였다. 그 당시는 하루하루 먹고 살기 위해 어른 아이 가릴 것 없이 모두 일하던 시절이었다. 나는 하루 빨리 장인이 되어 사장의 꿈을 이루겠노라고 마음속으로 다짐하고 있었다. 그 때문에 꼭두새벽부터 밤늦게까지 구슬땀을 흘리는 공장 생활이 힘들지만은 않았다. 천성적으로 게으른 아이는 아니었던 모양이다.

하지만 공부에 대한 열망만은 쉽사리 꺼질 줄 몰랐다. 교복을 입은 또래 아이들의 모습이 너무 부러웠다.

그러다 16살 무렵, 우연히 신문을 통해 야간중학교의 광고를 접했다.

도쿄에 7개의 야간중학교가 있는데 직장인이라면 누구나 다닐 수 있다는 내용이었다. 나도 어쩌면 공부를 다시 시작할 수 있을지 모른다는 생각에 마음이 부풀었다. 학교에 대해 자세히 알아보고 싶었다. 곧 편지를 썼다.

'저는 집이 가난해서 초등학교만 졸업하고 현재 일을 하고 있습니다. 공부를 좋아합니다. 학교에 다니고 싶습니다. 이런 저도 야간중학교에 입학할 수 있을까요?'

막상 편지를 쓰고 보니 수신자 주소를 몰랐다. 일단 '도쿄도청'이라고 쓴 후 우체통에 넣었다. 얼마 후 예쁜 편지지에 고운 글씨가 적힌 답장이 날아왔다.

'야간중학교는 당신과 같은 분을 위한 학교입니다. 꼭 입학해서 열심히 공부하세요.'

편지 속에는 야간중학교 안내서가 동봉되어 있었다.

열어보니 인근 야간중학교의 소재지가 적혀 있었다. 그러나 불행히도 나의 일터가 있던 메구로에는 야간중학교가 없었다. 바로 옆 동네인 세타가야에 신세이중학교(현 미슈쿠중학교)라는 학교가 있었다. 안내서를 보자마자 나는 사장님에게 자전거를 빌려 타고 견학을 갔다. 회사에서 20분 거리였다. 이 정도 거리면 충분히 다닐 수 있겠다고 생각한 나는 바로 교무실로 향했다. 그리고 사정을 이야기하고, 이 학교에 입학할 수 있는지 물었다.

"그럼요, 내일부터 나오시면 됩니다."

하늘을 날듯이 기뻤다. 쏜살같이 회사로 달려갔다. 그런데 생각해보니 야간중학교에 다니기 위해서는 매일 오후 5시까지 일을 마쳐야 했다. 사장님과 선배들은 모두 저녁 7시가 넘도록 일에 매달렸다. 막내인 내가 2시간 먼저 퇴근한다는 것은 말도 안 되는 일이었다.

야간중학교의 '야' 자도 못 꺼내고 속앓이를 했다. 한 선배가 내 안색을 살피더니 무슨 일이 있느냐고 물었다. 미주알고주알 사정을 털어놓았다.

"그래? 내가 한번 사장님께 이야기해 볼게."

평소 서먹서먹하던 선배였는데 도움을 자청해서 뜻밖이었다. 다행히 사장은 선배의 말을 귀담아 들었고, 내가 야간 중학교에 입학하는 것을 흔쾌히 승낙해 주었다.

설마! 귀를 의심했다. 내가 교복을 입고 학교에 다니는 날이 올 줄이야. 지금껏 상상하지 못한 일이었기에 하루하루가 구름 위를 걷고 있는 느낌이었다.

나는 초등학교 때부터 친척집을 전전했고, 그때마다 전학을 다녔다. 그래서 야간중학교에 입학했을 때는 학력 수준이 초등학교 4학년 정도였던 것 같다. 알파벳도 'ABC' 딱 세 글자까지만 알고 있었으니 말이다. 그런 실력을 갖고 입학했으니 수업시간에 웃음거리가 되는 것도 당연한 일이었다. 알파벳이나 덧셈, 뺄셈 따위는 금세 따라잡았다. 읽고 쓰는 일이 가능해지자 어느 누구도 나를 바보 취급하지 않았다.

방정식도 알고 보면 참 쉬웠다. 통신교육으로 공부했을 때는 어려워서 쩔쩔 맸는데 학교 선생님께 배우니 단번에 이해가 되어 김이 빠질 정도였다.

지금까지 몰랐던 것을 배우게 됐고, 불가능했던 것들이 가능해져 정말 펄쩍펄쩍 뛸 정도로 기뻤다.

중학교에서는 과목별로 선생님이 달랐다. 나에게는 매우 신선한 충격이었다. 특히 교과서와 급식이 전부 무료로 지급된다는 점이 가장 놀라웠다.

처음 '무료'라는 말을 들었을 때는 내 귀를 의심했다. 담임선생님께 물었다.

"학교에서는 왜 전부 무료입니까?"

"우메하라, 이것은 정확히 말하자면 무료가 아니란다. 교과서나 급식, 그리고 선생님들의 급여도 국민이 내는 세금으로 대신하는 거란다."

그때 처음 '세금'의 의미를 배웠다. 세금이란 우리가 모르는 곳에서 누군가를 위해 도움이 되고 있다는 사실을 말이다. 세금에 대해 좋은 이미지를 갖게 된 것은 이때의 인상이 강렬했기 때문이다.

세금을 내는 일이 대단한 것은 아니다. 그러나 이 작은 실천으로 조금이나마 사회에 도움이 된다면 기꺼이 세금을 납부해야 한다. 그래야 회사다.

마치코바로는 처음으로
자스닥에 상장하다

캠, 콜릿 척에 이어 새롭게 시작한 절삭공구 재연마사업은 순조롭게 매출을 늘려갔다. 그렇게 매년 35%를 넘는 경상이익률을 기록하자 주변 사람들의 관심이 상장으로 이어졌다.

"에이원정밀은 언제쯤 상장합니까?"

"사장님이라면 상장기업도 충분히 경영하실 수 있을 겁니다."

하지만 내 마음은 요지부동이었다. 물론 경영자이기에 본능적으로 회사 규모를 늘리고 싶은 마음은 있었지만 주식 상장만큼은 논외였다.

사람들은 상장을 하면 얼마나 좋은 점이 많은지 입이 닳도록 떠들었다. 요약하면 회사의 신용도가 올라가고 인재 채용도 손쉬워진다는 내용이었다. 하지만 내게는 별로 메리트가 없어 보였다. 신용이라면 얼마든지 있고, 채용에 대해서도 특별히 어려움을 겪은 적이 없었기 때문이다.

　내가 상장을 꺼렸던 이유는 호들갑을 떨고 싶은 마음이 없었기 때문이다. 가능한 한 회사를 사람들 눈에 띄지 않게 하고 싶었다. 비유컨대 아름다운 부인을 혼자 보고 싶어 하는 마음이랄까. 사원이나 회사를 생각하면 늘 그런 마음이었다.

　그런 내가 상장을 염두에 두기 시작한 계기가 생겼다. 바로 '제조업의 위기'였다.

　저렴한 임금, 풍부한 노동력을 앞세우며 세계의 공장으로 자리를 잡은 중국과, 동남아시아 국가들의 부상으로 인해 제품 가격은 뚝 떨어졌고, 국내 대기업들은 생산지를 해외로 이전하고 있었다.

　그러자 많은 이들이 겁에 질린 채 이렇게 외쳤다.

　"모노즈쿠리(제조업)는 이제 끝이다."

　"마치코바(동네 소공장)에는 더 이상 희망이 없다."

　이런 보도나 발언이 들릴 때마다 화가 나서 참을 수 없었다.

'모노즈쿠리에 더 이상 미래가 없다는 건 말도 안 된다. 마치코바도 경영자에 따라 얼마든지 이익을 낼 수 있고, 상장도 가능하다. 내가 에이원정밀을 상장회사로 만들어 이를 증명해 보겠다.'

세상이 어떻게 돌아가는지 모르고 한 생각은 아니었다. 그러나 사람들의 나약한 생각에 제동을 걸고 싶었고, 마치코바를 비롯한 중소기업에 응원의 메시지를 보내고 싶었다. 전형적인 마치코바인 에이원정밀이 상장을 이뤄낸다면 전국의 중소 제조업체들은 분명 자극을 받고 힘을 낼 것이다.

개인적으로 다른 이유도 한 가지 있었다. 지금까지 나는 내 식대로 회사를 경영해왔다. 경영학과를 졸업한 것도 아니고, 마치코바 경영에 관한 책을 읽었던 것도 아니다. 물론 마치코바 경영학은 눈 씻고 찾아봐도 없었다. 피터 드러커의 책에도 동네 소공장이 이익을 내기 위해서는 어떻게 해야 한다는 말 한마디 없었다. 나는 내 경험과 감각 그리고 신념에만 의지하여 경영을 할 수밖에 없었다.

물론 다행히 이익을 내는 회사로 키웠지만 지금까지의 경영방법이 과연 옳은 것인지 잘 모르겠다. 만일 에이원정밀이 상장되어 세상의 주목을 받게 된다면 좋든 싫든 평가가 내려질 것이다. 이 평가를 알고 싶은 게 상장을 결정한 개인적인 이유이기도 하다.

그러나 내가 돈 벌자고 하는 상장은 내키지 않았다. 실제로 2003년 3월 에이원정밀은 자스닥에 상장을 했으나 나는 상장의 대가로 한 푼도 받지 않았다. 집에 가면 회사 일은 일절 입 밖에 내지 않는 성격이어서 아내는 신문사와 증권사에서 화초를 보내오기 전까지는 상장 사실을 모르고 있었다.

상장 직후 솔직히 '이러다 회사가 산으로 가는 것은 아닐까' 하는 생각이 들었다. 해냈다는 성취감은 있었다. 하지만 본업과는 직접적인 관계가 없는 금융이나 증권 관계 사람들과 회의를 하느라 시간을 빼앗겼다. 또 상장 관련 서류도 제대로 규격을 갖춰 보관해야 했기 때문에 업무가 복잡해졌다. 감사법인에 지불하는 보수도 만만치 않았다. 이렇게 회사 운영에 아무런 도움이 되지 않는 일들이 이어졌다.

그러나 시간이 지남에 따라 조금씩 상장의 장점을 느낄 수 있었다.

우선, 이전에는 인연이 아니라고 생각했던 인재들이 이력서를 들고 찾아오기 시작했다. 지금까지는 지인의 소개로 채용이 이루어졌기 때문에 비슷한 스타일의 사원들이 많았다.

물론 성격이 비슷한 점이 문제가 되는 것은 아니다. 그렇지만 회사에는 본질적으로 다양한 아이디어가 필요하고 그러기 위해서는 사고방식이 전혀 다른 인재가 많을수록 좋다.

그래서 상장 후 전단지를 돌려 구인광고를 해보기로 했다. 그러자 지금까지 찾아보기 힘들던 대졸자가 응모하기 시작했다. 말할 것도 없이 상장의 효과였다.

또한 거래처에서 에이원정밀을 바라보는 시각이 바뀌었다.

특히 시작한 지 얼마 안 된 절삭공구 재연마사업에서 상장 후광 효과는 뚜렷하게 나타났다. 상장을 하기 전에 비해 재연마 정밀도가 더 높아진 것도 아닌데 영업이 전보다 수월해진 것이다. 상장이 신용에 미치는 영향이 이토록 클 줄은 미처 몰랐다.

회사 내부에도 변화가 있다. 상장기업에 다니고 있다는 사실 때문인지 임원이나 사원도 이전보다 더욱 긴장감을 갖고 일에 임한다.

또한 상장을 하면서 사원들에게 주식을 나누어 주었는데 사원들의 주인 의식이 강해져 사원 모두 회사에서 발표하는 매출, 이익 등의 수치에 관심을 기울이게 되었다. 상장이 사원의 의식에도 적지 않은 파문을 일으킨 셈이다.

다만 한 가지 상장 전부터 신경 쓰이던 일이 있었다. 만일 회사를 상상하면 매출이나 수익률 등이 공개될 텐데 그렇게 되면 거래처가 가격을 인하해 달라고 요구하지 않을까 고민스러웠다.

그러나 이는 기우에 지나지 않았다. 당사의 높은 이익률을 보고 '당신들은 부당한 이익을 챙기고 있으니 가격을 인하해 달라.'라고 말하는 고객은 단 한 곳도 없었다.

당사는 높은 이익을 확보하기 위해 지금까지 많은 노력을 기울였다. 그러나 30년간 단 한 번도 하청업자에게 가격을 깎아달라고 요청한 적이 없다. 또한 치솟기만 하는 원자재비용을 판매가격에 전가한 적도 없다. 그런 이유로 거래처 사람들은 당사의 가격이 적당하다고 수긍한 것이다.

상장 후에는 분기마다 세무조사보다 엄격한 감사를 받아 그 결과가 모조리 게시된다. 그래서 이전보다 회사의 투명도가 높아졌고, 그만큼 고객의 신뢰도 높아졌다.

어쨌든 우리와 같은 동네 소공장도 상장할 수 있는 능력이 있음을 만천하에 알린 것이 무엇보다 기쁘다. 기업은 규모보다 내실이 중요하다. 중소 제조업을 경영하는 모든 사람들에게 작으나마 힘이 되었으면 하는 바람이다.

모노즈쿠리의
부흥을 위하여

　2007년 10월부로 나는 대표이사직에서 물러나 대표이사 상담역(고문)이 됐다.

　후임은 42세 하야시. 이제부터 에이원정밀은 이 젊은 사장이 이끌어갈 것이다.

　나는 37년이라는 시간 동안 회사의 토대를 다져왔다. 그 토대 위에 얼마만큼의 업적을 쌓아 갈지는 하야시 사장과 젊은 세대에게 달렸나.

　현재 에이원정밀의 종업원은 100명 정도다. 엄밀히 말하면 이

규모로 현재 매출 규모 이상의 수주를 받는 것은 어렵다. 필수적으로 직원 수를 늘려야 한다. 그렇게 되면 관리직을 새롭게 채용해야 하는 등 많은 벽이 눈앞을 가로막을 것이다.

그 벽을 넘어서는 게 결코 쉬운 일은 아니다. 하지만 그들이 꼭 벽을 넘으리라 믿는다. 나는 이제 경영에 관해서는 일절 손을 대지 않을 작정이다. 다만 상담역으로서 힘이 닿는 한 회사를 위해 일할 뿐이다.

생각해보면 나는 내 방식을 고집했다. 코뿔소처럼 겁 없이 도전했다. 물론 잘된 일도 있었지만 불합리한 방식이나 옳지 못한 방법도 많지 않았을까.

하야시 사장과 임직원들은 예전 방식에 구애받지 말기를 바란다. 다만 좋았던 점이 있었다면 계승할 것이요, 나쁜 점이 있다면 과감히 도려내어 에이원정밀을 소규모 공장의 모범으로 만들어주길 바란다.

사장을 그만둔다고 하니까 주변에서 난리였다.

"왜 아들에게 사장 자리를 물려주지 않으십니까?"

처음부터 나는 자식들에게 회사를 물려줄 생각이 눈곱만큼도 없었다. 결코 그들이 모자라서가 아니다. 아이들이 태어나기 전부터 그런 마음을 굳히고 있었다.

고인 물에 이끼가 끼듯이 세습에는 반드시 문제가 생긴다. 비리 문제를 비롯하여 갖가지 구설수에 휘말린다. 가족끼리 회사를 경영하면 이 문제로부터 피할 수가 없다.

회사는 남에게 맡기는 것이 순리라고 생각한다. 그래야만 업무 내용을 정확히 기록하고, 경비의 숫자를 숨김없이 공개하는 등 일처리가 처음부터 엄격하게 이루어질 것이다. 만일 자식에게 넘겨줄 생각이었다면 돈 문제를 대충대충 넘길 수도 있다. 만약 그랬다면 에이원정밀은 주식 상장을 못했을지도 모른다.

나에게는 3명의 자식이 있다. 하지만 회사를 물려주기는커녕 단한 명도 에이원정밀에 입사시키지 않았다. 사원들도 내 마음을 알기 때문에 사장 자리가 공석이 되리라는 사실을 알고 있었다. 즉 누구나 열심히 일하면 언젠가 사장이 될 수 있음을 잘 알고 있었다는 말이다. 그러다 보니 열심히 일하는 분위기가 형성된다. 만일 자식에게 물려주기로 약속되어 있었다면 이런 긴장감도 없었을 것이다.

사장 자리를 자식에게 물려주지 않은 또 다른 이유가 있다. 만일 자식에게 물려주면 좋든 싫든 회사에 발이 묶일 것 같았기 때문이다. 나는 에이원이 아니라 제조업 전체에 기여하고 싶은 마음이 있다.

나는 중소 제조업이 나라의 근간이라고 생각한다. 그런데 사람들은 대기업만을 우선시하고 소규모 공장을 경시한다.

에이원정밀에 몸담고 있는 동안에도 소규모 공장이 처한 현실에 대해서 기회가 닿을 때마다 열변을 토했다. 하지만 갈수록 중소 제조업의 현실은 암담하다. 나는 이 사실을 보다 널리 알리고, 구체적인 변화까지 불러오려면 더 많은 시간과 에너지를 투입해야 한다고 생각한다.

동시에 하루 빨리 젊은이들이 중소 제조업에 진출하기를 바란다. 그렇지 않으면 지금까지 쌓아온 장인들의 기술이 계승자가 없다는 이유로 끊어져 버릴지도 모른다.

이런 이유로 나는 회사에서 멀어지고 싶었다. 중소 제조업의 회생이 나의 다음 화두이다.

사장 퇴임은 예정보다 10년 늦어졌다. 다른 사람보다 10년 빨리 회사에 나가기 시작했으므로 10년 빠른 55세에 퇴직하기로 마음을 먹고 있었다.

그러나 절삭공구 재연마사업을 새로 시작하는 바람에 55세 퇴임은 뒤로 연기되었다. 또한 주식 상장까지 겹치는 바람에 65세 퇴임도 몇 년 늦춰졌다.

나는 올해 68세이다. 아직 체력적으로 여유도 있고 시간도 충

분히 남아있기 때문에 괜찮다. 이제는 열두 살 때부터 나를 키워

준 '모노즈쿠리'의 세계에 은혜를 갚을 때다.

6장

나는 경영자의 자격을 갖춘 사람인가

경영자는 '먹느냐 먹히느냐'의
생존 경쟁의 한가운데 놓여 있다.
때로는 강풍이 몰아치고 거친 파도가 덮친다.
그래도 도망쳐서는 안 된다.
경영자는 폭풍 속으로 돌진하는 선장처럼
마지막까지 배를 지켜야 한다.
따라서 고통을 견딜 수 있는 강인한 인내심이 필요하다.

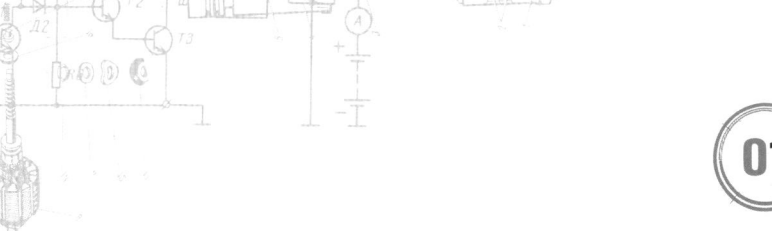

낙숫물이 댓돌을 뚫는다

'어떻게 하면 창업을 할 수 있습니까?'

'어떤 성격의 소유자가 창업에 적합한 사람입니까?'

젊은이들과 이야기를 나누다 보면 이런 질문을 자주 받는다.

그러나 내게 질문을 던지기 전에 우선 물방울에게 답을 구해보자. 물방울은 과연 자신이 돌을 뚫을 수 있다고 생각했을까?

옛 속담에 '낙숫물이 댓돌을 뚫는다.'는 말이 있다. 처마 끝에서 똑똑 떨어지는 한 방울의 물이 끝내는 댓돌을 움푹 파이게 한다는 말이다. 자, 질문을 다시 해보자. 어떤 성격, 어떤 준비가 창업을 가능케 할까.

나는 어렸을 때부터 '경영자' 하나만을 바랐다. 어떻게 준비해야 창업을 하는지는 일절 고민하지 않았다. 경영자가 되기 위한 구체적인 청사진도 없었다. 단지 내 귓가에는 '너는 커서 경영자가 되라'는 아버지의 말씀이 쟁쟁했다. '그래, 나는 크면 경영자가 되고 말 거야.' 단지 그뿐이었다.

현재 창업에 성공한 대부분의 경영자는 나와 비슷한 부류이리라. 자나 깨나 앉으나 서나 '경영자'가 되겠다는 일념으로 불타올랐던 사람들. 마치 물방울 하나가 바위에 떨어지듯이 우리는 매 순간 '경영자가 되어야겠다'는 그 생각을 단단한 미래의 벽에 던졌다. 그러다 보니 어느 샌가 문이 열리고 경영자의 길로 들어섰다.

창업은 조건으로 하는 것이 아니다. 함흥차사도 저 싫으면 그만이지 않은가. 적성을 따지지 말고, 창업 방법을 묻지 말고 우선 내게 물방울처럼 단단한 의지가 있는지부터 점검해야 한다.

나는 일본 전국시대의 무장 오다 노부나가를 좋아한다. 그와 관련된 책이면 하나도 빼놓지 않고 다 읽는다. 그런데 하나 특이한 점이 있다. 오다 노부나가와 관련된 책에는 반드시 도요토미 히데요시라는 인물이 등장한다는 사실이다.

가난한 농부의 아들로 태어난 도요토미 히데요시가 무사가 되어 천하를 호령할 수 있게 된 것은 오다 노부나가와의 만남이 있었기에 가능했다. 그런데 도요토미 히데요시는 최고의 자리에 오르기 위해 계산적으로 오다 노부나가에게 접근했던 것일까. 아니다. 그에게는 무사가 되고픈 강인한 의지가 있었다. 우연히 오다 노부나가가 그의 집념을 눈여겨본 것이 좋은 기회로 이어졌던 것이다.

내 생각에는 과거 전국시대를 살았던 농부의 자녀들은 대부분 무사가 되길 꿈꾸지 않았을까 싶다. 그러나 현실은 만만치 않았다. 하루하루의 고단한 삶에 지친 나머지 백이면 백 그대로 주저앉는다. 그러나 도요토미 히데요시만은 현실에 안주하지 않았다. 무사가 되겠다는 강인한 정신력이 있었기에 기회를 잡을 수 있었다.

창업 역시 마찬가지, 철저히 본인의 의지에 달린 일이다.

이렇게 의지를 강조하면 꼭 반문하는 사람이 있다. '그건 옛날 얘기 아닙니까?'

요컨대 과거에 비해 창업의 벽이 높아지지 않았느냐는 말이다. 그러나 살펴보면 기회는 많다. 지금까지 새로운 아이템이 발굴되지 않았던 시절은 없다. 기회는 저 들판에 얼마든지 널려 있다.

'어떻게 찾느냐' 하는 문제는 오로지 본인의 의지에 달렸다. 대학교와 비즈니스 스쿨을 다니며 창업에 관해 아무리 공부해도 하루하루를 어영부영 산다면 성공은커녕 기회조차 잡지 못할 것이다. 심지어 그런 사람에게는 운조차도 빗겨갈 것이다.

오오모리전기공업에 다니던 시절, 소형자동선반의 캠을 보고 나와 똑같이 생각한 사람은 단 한 명도 없었다. 당시 오오모리전기공업에는 200여 명의 사원이 있었다. 하지만 나 이외에는 아무도 창업을 꿈꾸지 않았고 기회 또한 잡지 못했다. 나 홀로 사업 아이템을 찾았다며 흥분했고, 신혼여행에서 돌아오자마자 사표를 던졌다.

창업을 하는 사람과 못하는 사람의 차이는 과연 무엇일까.

배가 고픈 사람은 길을 가다가도 음식 냄새에 코를 킁킁거린다. 마찬가지로 경영자가 되고 싶은 일념 하나로 살아가는 사람은 온 신경을 곤두세워 그 길을 찾아간다.

부디 머뭇거리지 말기를 바란다. 성공을 거둘지 실패로 돌아갈지 시도해보지 않는 한 결과는 아무도 모른다. 다만 분명한 것은 인생은 단 한 번뿐이라는 사실이다.

경영자는 직원을 끌어당기는 힘, 즉 구심력을 갖춰야 한다

만일 경영자가 되기로 마음을 먹었다면 '뭘 하면 성공할까?' 혹은 '어떤 아이템으로 사업을 벌이면 좋을까?'를 고민하기 이전에 인격부터 갖춰야 한다.

회사 경영은 약육강식에서 살아남기 위한 처절한 몸부림이다. 멀리서 보면 평화로워 보이는 자연도 가까이서 지켜보면 끊임없는 투쟁의 연속이다.

경영자는 '먹느냐 먹히느냐'의 생존 경쟁의 한가운데 놓여 있다. 때로는 강풍이 몰아치고 거친 파도가 덮친다. 그래도 도망쳐서는 안 된다. 경영자는 폭풍 속으로 돌진하는 선장처럼 마지막까지 배를 지켜야 한다. 따라서 고통을 견딜 수 있는 강인한 인내심이 필요하다.

경영자 중에는 직원들을 속이는 사람들도 있다. 이기적인 욕망을 이기지 못하고 자신의 잇속만을 챙긴다. 직원들이 절대로 자신의 마음을 모를 것이라고 생각한다.

그러나 사원은 경영자의 일거수일투족을 지켜본다. 만일 당신이 사원을 기계 부속품으로 여기거나 혹은 회사의 이익을 혼자 챙긴다면 아무도 회사를 위해 자신을 희생하지 않을 것이다.

경영자는 인격적으로 성숙해야 한다. 동양적으로 말하면 덕을 갖춰야 한다는 뜻이다. 논어에 말하길 '나라를 법이 아닌 덕으로써 다스리는 일은 비유컨대 뭇별이 북극성의 주위를 도는 것과 같다.'고 했다. 밤하늘의 별이 북극성을 중심으로 일주운동을 하듯이 덕이 있는 사람 주위에는 늘 사람이 따르기 마련이다. 반대로 경영자에게 도덕적 자질이 부족하면 직원들의 마음이 중심으로부터 벗어난다. 경영자는 중심으로 끌어당기는 힘, 즉 구심력을 갖춰야 한다.

그렇다면 구심력은 어떻게 갖추어야 할까? 우선 자신의 입장과 처지를 명확히 파악하는 것이 순서이다. 그리고 머릿속으로만 생각하던 일을, 늘 마음에 짐으로 남아 있던 일을 당장 실천에 옮긴다. 사람은 자신의 잘못을 스스로 알고 있다. 다만 고치지 못할 뿐이다.

한편 현재 직장에 몸을 담고 있는 사람이라면 무엇보다 자신에게 주어진 업무에 최선을 다하는 것이 곧 인격을 수양하는 방법이다. 일이 손에 안 잡힌다며 적당히 처리하거나 대강 시간을 때운다면 실력이든 인격이든 발전이 없다. 남의 회사에서 불성실했던 사람이 자기 회사를 갖게 됐다고 해서 하루아침에 일류 CEO가 되는 것은 아니다.

창업을 하기 위해서는 공부가 필요하다. 무슨 공부를 하든 그것은 자유이다. 현재 업무와 관련된 일이나 미래에 해보고 싶은 일도 괜찮고, 현재 업무와 무관해도 개인적으로 관심 있는 분야가 있다면 그 분야를 파고들어도 나쁘지 않다. 나는 창업에 도움이 되지 않는 공부는 없다고 생각한다. 특히 폭넓게 쌓은 교양은 난관에 봉착했을 때 그 벽을 깨는 무기가 된다.

사업은 최종적으로 손익계산의 싸움이다. 하지만 손익계산에 집착하다보면 주변 사람들과 사이가 멀어지고 결국에는 고립된다. 사람은 각자의 손익에 따라 움직이기 때문에 반드시 충돌을 일으킨다.

이런 경우에 교양이 없는 경영자는 다른 방책을 찾지 못하고 손익만을 따진다. 결국 자신의 이익만 추구하다 무리수를 두기도 하고 정신적으로 피폐해지기도 한다. 그러나 조금이라도 교양이 있는 경영자는 당장의 금전적인 이익을 추구하는 대신 장기적인 이익을 가져오는 방법을 탐색한다. 그렇기 때문에 어려운 시련이 닥쳐도 유연하게 대처할 수 있다.

공부는 인내심을 기르는 데 도움이 된다. 모르는 것을 알려면 며칠씩 두꺼운 책을 읽거나 의자에 진득하니 앉아 강의를 들어야 한다. 따라서 열심히 공부하다보면 자기도 모르는 사이에 인내심이 길러진다.

사업 또한 공부와 마찬가지로 미지의 분야를 알아가는 과정이다. 이 과정에는 익숙하지 않은 일도 많고 인내심과 참을성이 요구되기도 한다. 이런 상황에 당황하지 않고 평정심을 유지하며 대처할 수 있는 사람은 오직 공부를 통해 인내심을 기른 사람뿐이다.

나는 초등학교를 졸업하고 곧바로 현장에서 기술을 배우기 시작했다. 그리고 일과 방송통신 교육을 병행하며 야간중학교를 졸업했다. 여기서 배운 것들이 회사를 이끌어 가는 데 큰 재산이 됐다.

03

돈이
목적이 되어서는 안 된다

요즘 젊은 세대는 회사가 급여와 상여금을 제대로 지급하지 않으면 지원조차 하지 않는다. 만일 최소한의 대우를 해줄 수 없다면 우수한 인재가 지원하지 않는다고 해서 불평해서는 안 된다. 특히 제조업 분야의 경영자라면 이 점을 반드시 유의해야 한다.

또한 젊은 세대도 돈을 쉽게 벌 수 있다는 이유로 금융이나 IT 업계를 선호하거나 혹은 단지 돈 버는 수단으로 창업을 하려고 해서는 안 된다.

물론 인간이 살아가기 위해서는 돈이 필요하다. 하지만 다른 사

람보다 부자라고 인생이 특별해지는 것도 아니고 행복해지는 것
도 아니다.

몇 년 전 라이브도어의 호리에 다카후미는 '돈으로 뭐든지 살
수 있다'고 말했다. 그러나 세상에는 억만금을 주고도 살 수 없는
것이 너무나 많다. 신뢰와 존경, 덕망 그리고 사원의 마음 등은
결코 돈으로 살 수 없다. 사고 싶어도 살 수 있는 방법이 없다. 호
리에 다카후미 자신도 결국 프로 야구팀과 방송국, 정치인의 자
리만큼은 포기할 수밖에 없지 않았는가.

물론 호리에 다카후미가 왜 그런 말을 했는지 이해는 간다. 그
는 고작 30세의 나이에 어마어마한 성공을 손에 거머쥐고 '시대
의 총아'라 불리며 유명세를 탔다. 인간으로서는 미숙한 나이에
말이다.

30세의 젊은이가 짧은 시간 안에 수백억에 달하는 거액을 벌어
들였으니 뭐가 옳고 그른지 판단하기 어려웠을 것이다. 호리에 다
카후미처럼 젊은 나이에 부자가 된 사람 중에는 세상에 대해 왜
곡된 인식을 갖는 경우가 많다.

그래서 나는 창업을 꿈꾼다면 '먼저 인간이 되어야 한다.'고 강
조한다. 그래야 사업에 성공해서 부자가 되더라도 인생의 소중한
것을 누릴 줄 아는 현명한 사람이 되기 때문이다.

그런 점에서 SBI 홀딩스의 CEO 기타오 요시타카는 매우 훌륭한 인물이라 할 수 있다. 그는 호리에 다카후미가 니폰 방송의 주식을 매입하려 했을 때 호리에 다카후미를 저지했던 사람이다. 그의 저서를 읽어보면 평소 논어를 비롯하여 중국의 고전을 곁에 두고 읽으며, 늘 끊임없이 자신을 돌이켜본다고 한다. 이렇게 꾸준히 자신의 마음을 수련하기 때문에 돈에 휘둘리지 않고 신념을 지킬 수 있다.

나는 유년 시절에 먹을 것이 없어 끼니를 걱정해야 하는 가난한 생활을 보냈다. 그래서 커서 부자가 되겠다고 결심했다. 하지만 좋은 자동차를 타거나 으리으리한 대저택에 사는 부자가 아니라, 사업에 성공하여 회사를 세우고 그 회사를 더욱 크게 키워 더 많은 돈을 버는 부자를 꿈꿨다. 그렇게 되면 훨씬 더 행복해질 수 있을 것 같았다.

다행이 현재 사업에 성공하여 다른 사람보다 조금 더 많은 돈을 저축할 수 있게 됐지만, 돈이 많다고 반드시 행복한 것은 아니라고 생각한다. 이렇게 말하면 '어느 정도 삶에 여유가 있으니 그렇게 말하는 것이다'고 비난할지 모른다. 하지만 돈은 가족이 생활하는 데 불편함이 없을 만큼만 소유하면 된다.

사실 이렇게 돈에 집착하지 않고 담담하게 이야기할 수 있는 것도 내가 어느 정도 고생도 해보고 연륜이 쌓인 다음에 돈을 모았기 때문에 가능한 것이다. 호리에 다카후미처럼 젊었을 때에 거액을 움켜쥐었다면 나 또한 배금주의에 빠져 '돈이면 뭐든지 살 수 있다'고 떠들어 댔을지도 모른다.

사실 호리에 다카후미는 사업가로서 뛰어난 재능을 지니고 있다. 지금부터라도 꾸준히 경험을 쌓고 인격을 확실히 닦는다면 돈에 굴하지 않는 훌륭한 경영자가 될 수 있을 것이다. 그리고 다시는 '돈으로 뭐든지 살 수 있다'는 말을 쉽게 꺼내지 않을 것이다.

04

독서로 하루를 열어라

경영자로서 인격을 닦기 위해 해야 할 일이 하나 더 있다. 바로 독서이다. 사람을 성장시키는 가장 효과적인 방법은 훌륭한 인물과 만나는 것이다. 그러나 위인과 만나기는 하늘의 별 따기. 그래서 우리는 책을 읽어야 한다.

책을 통해 우리는 동서고금의 수많은 위인을 만날 수 있다. 단돈 몇 만 원으로 이들에게 교훈을 얻을 수 있으니 얼마나 큰 이득인가.

어린 시절 나는 책을 많이 읽지 못했다. 내가 어른이 되어 책을 접하게 된 것은, 치치출판사의 대표 후지오 히데아키의 강연을 들은 직후였다. 그 후 독서는 습관이 됐다. 책을 펼치면 반드시 새로운 세계와의 만남이 있고 적어도 3∼4권 중 1권은 진한 감동을 전해줬다. 왜 진작부터 책을 가까이 하지 않았는지 후회스럽기도 했다.

일본 에도막부의 초대 장군이었던 도쿠가와 이에야스는 죽을 때까지 치매 증상이 없었다고 한다. 평생 책을 곁에 두고 읽었기 때문이다. 8세부터 19세까지 12년간 스루가노구니(지금의 시즈오카 현)의 이마가와 요시모토에게 인질로 잡혀 살던 그는 이마가와 가문의 다이겐 셋사이 참모에게 병법을 배웠으며, 서적을 통해 인간으로서의 인격과 토대를 닦았다.

같은 시대를 살았던 도요토미 히데요시는 의지가 강하고 직감력이 뛰어났지만, 도쿠가와 이에야스처럼 서적을 통한 배움이 적었다. 그래서 만년에 센 리큐에게 할복을 명하거나 조선에 병사를 보내는 등 이해하기 힘든 일을 저질렀다.

나는 나 자신을 수련하기 위해 책을 손에서 놓지 않으려고 노력한다. 사장직에서 물러나면서 비교적 한가해져서 1년 200권 정도의 책을 읽고 있다. 어떤 책을 읽을지는 그때 그때 기분에 따라 다르다. 시바 료타로와 유이카와 케이의 소설을 읽기도 하고 만화를 보기도 한다. '시마 과장'은 내가 좋아하는 시리즈물 가운데 하나이다.

'아침형 인간'인 나는 이른 아침에 독서를 즐긴다. 매일 아침 3시에 일어나 6시까지 3시간가량 책을 읽는다. 책을 읽거나 명상을 하는 등 뇌를 활용하는 작업은 주로 아침에 한다. 아침에는 두뇌가 맑기 때문에 지식 습득도 빠르고 사고 전환도 원활하다. 사방이 고요하여 방해받지 않고 집중할 수 있다. 또한 아침의 평온한 기운에는 생기가 넘쳐 긍정적인 사고가 가능하다.

그러나 저녁에는 일과를 마친 뒤라 몸도 머리도 많이 지친 상태이다. 주변도 산만하여 집중하기 어렵다. 이런 상황에서 생각을 정리하기란 쉽지 않다. 오히려 시간만 걸릴 뿐 아무런 소득도 올리지 못한다. 잡념 때문에 오판을 일으키기 쉽다.

요즘 젊은 세대는 전자기기의 발달로 활자를 접하는 빈도가 점차 낮아지고 있다. 그래서 좀처럼 책을 읽지 않는다고 한다. 하지만 이는 독서가 습관화되지 않았기 때문이다. 과감하게 자신의 생활 리듬을 아침형으로 바꾸고 하루를 시작하기 전에 30분이라도 책을 읽어보는 것은 어떨까.

물론 저녁형 인간이 하루아침에 아침형 인간이 되기는 쉽지 않은 일. 그러나 새벽의 상쾌함과 맑고 깨끗한 뇌로 책을 읽는 즐거

움을 맛본다면 이는 곧 습관으로 젖어들게 될 것이다.

책은 무슨 장르를 읽든 상관없다. 만화책도 괜찮다. 이불 속에 웅크리고 있거나 밤늦게 TV나 게임을 즐기는 것보다 독서가 훨씬 더 가치 있다. 아침 시간에 독서가 어렵다면 취미를 즐겨도 좋다. 나는 독서를 마친 후 일본 전통 악기를 연주하는데 30년 동안 이어온 아침 일과 중 하나이다.

책을 읽고 생각을 정리한 다음 악기를 연주하며 마음을 가다듬는다. 오랫동안 한 회사의 경영자로서 감당해야 했던 힘겨운 업무를 견딜 수 있었던 것은 아침 시간을 소중히 여기고 독서에 매진했기 때문이다.

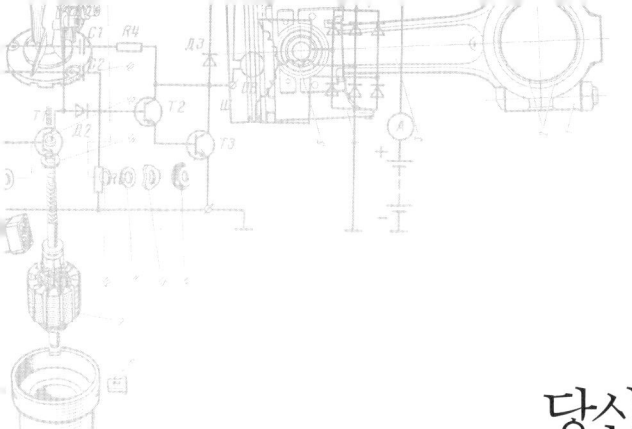

05

당신의 성공은
누구의 덕인가

약 10년 전에 회사가 어느 정도 안정되고 주식 상장 이야기가 나왔을 즈음, 나는 아내에게 물었다.

"당신은 우리가 이렇게 성공할 줄 알았어?"

"그럼요, 결혼할 때부터 예감하고 있었어요. 그래서 많이 놀라지 않았죠."

아내는 태연스럽게 말했다.

"당신이 가난한 기술자였을 때 내가 당신하고 결혼해줬다는 사실을 잊으면 안 돼요."

정말로 그랬다. 내가 이렇게나마 성공할 수 있었던 것은 돈 한 푼 없던 가난한 시절부터 나를 믿고 따라 준 아내 덕분이다.

아내 에쓰코와는 도쿄에 위치한 오오모리전기공업에서 만났다. 아내는 아키타에서 고등학교를 졸업하고 우리 회사에 입사하여 내 부하 직원이 되었다. 같은 직장에서 동고동락하는 동안 나는 아내에게 반했다.

당시 공장에서 일하는 아저씨치고 글을 잘 쓰는 편이었던 나는 아내와 결혼하기 위해 필사적으로 러브레터를 썼다. 이런 마음이 아내에게 전달되었는지 아니면 너무 많은 러브레터에 질린 것인지(아마도 후자일 테지만), 4살이나 어린 아내는 내 청혼을 받아들였다.

나중에 안 사실이지만 처갓집의 반대가 이만저만 아니었다고 한다. 그도 그럴 것이 학벌도 변변치 않고 재산도 없는 못 생긴 남자에게 누가 자기 딸을 주고 싶겠는가. 하지만 잘난 구석이 한 군데도 없었던 나를 위해 아내는 '그이는 꼭 성공할 테니까 두고 보세요'라며 열심히 설득했다.

그런 아내 속도 모른 채 나는 신혼여행에서 돌아오자마자 사표를 던졌다. 오오모리전기공업에서 자동선반의 캠을 보고 사업을 시작하기로 굳게 결심했고, 결혼식 전날에 모인 친척에게 사업 이야기를 꺼냈다. 그런데 뜻밖에도 자금을 대주겠다는 친척 분이 계셨다.

결혼식을 마치고 신혼여행을 떠났지만 내 머릿속은 온통 사업 구상으로 가득 찼다. 어여쁜 신부는 안중에도 없었다. 그리고 신혼집으로 돌아오자마자 조금의 망설임도 없이 사표를 냈다.

애초부터 처가에서는 결혼에 반대했기 때문에 '그럴 줄 알았다. 가정을 꾸리고 열심히 살아도 모자랄 판에 회사를 그만두다니 그런 놈이랑 뭘 더 사냐? 갈라서라.'며 이혼을 재촉했다고 한다. 하지만 아내는 '그이는 반드시 성공할 테니 걱정 마세요.'라며 내 편이 돼줬고 처가식구들을 또 다시 설득했다.

그런데 아내는 '독립'의 의미를 잘 몰랐던 모양인지 월말이 되면 어김없이 '월급봉투 주세요.'라며 나를 당혹스럽게 했다. 사실 나도 사업이 잘 안 되면 다시 취직하면 그만이라는 마음가짐이었으니 아내가 '월급봉투' 얘기를 꺼내지 않았더라면 여유 부리다가 실패하고 말았을지 모른다.

아내는 단 한 번도 사업에 관해 언급한 적이 없다. 가끔 답답한 나머지 아내를 붙잡고 하소연을 하면 그때만 가감 없이 의견을 말해줄 뿐 앞에 나서거나 불평을 늘어놓지 않았다. 모든 일에 항상 겸손했고 회사에는 거의 얼굴을 내비치지 않았다.

또한 주식 상장 이야기가 거론됐을 당시 내 몫의 이익을 포기하겠다고 말했을 때도 아내는 내 의견을 존중해줬다. 그리고 사장 자리에서 물러난 후에 자식에게 회사를 물려주지 않을 것이고 퇴직금도 받지 않겠다는 나의 결심에 불평 한마디 달지 않았다.

이처럼 아내는 직접 나서서 회사를 도운 적은 없지만 언제나 편히 쉴 수 있는 가정을 만들어줬다. 그런 아내가 있었기에, 그리고 따뜻한 가정이 있었기에 오늘의 내가 존재한다. 모든 것이 아내의 내조 덕분이다.

7장

모노즈쿠리의
부활을 위하여

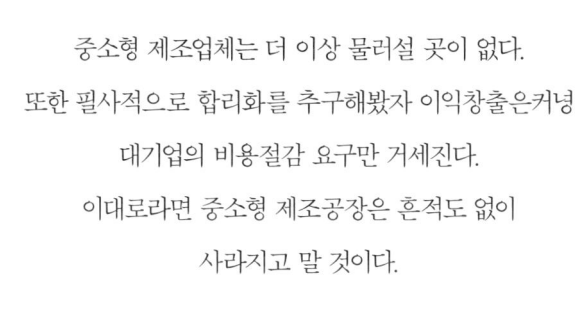

중소형 제조업체는 더 이상 물러설 곳이 없다.
또한 필사적으로 합리화를 추구해봤자 이익창출은커녕
대기업의 비용-절감 요구만 거세진다.
이대로라면 중소형 제조공장은 흔적도 없이
사라지고 말 것이다.

중소형 제조공장들이
벼랑 끝으로 몰리고 있다

2007년 일본 대기업의 상여금 평균은 하기와 동기 모두 사상 최고치를 기록했다. 특히 자동차와 조선 등의 수출 관련 기업이 엔저 현상에 힘입어 좋은 실적을 거두었다.

하지만 그 이면에 감춰진 하청업체, 즉 중소형 제조업체의 힘겨운 사투와 노력을 아는 사람은 몇이나 될까. 대기업의 막대한 실적이 하청업체들이 피와 땀을 흘린 결과임을 과연 누가 알까.

마치코바, 즉 중소형 제조공장의 품질 관리와 기술, 설비는 세계 최고 수준이다. 이들이 대기업의 비용 절감 요청에 협조하며 뼈를 깎는 고통을 감수했기 때문에 오일 쇼크와 엔고 불황, 거품 경제 붕괴 이후의 경기침체를 극복할 수 있었다.

하지만 이들 중소형 제조공장도 이제 한계에 다다랐다. 좋은 실적을 기록하고 있는 대기업에 비해 중소형 제조공장은 그에 합당한 대우를 받지 못하고 있고, 사업을 유지하기조차 힘겨운 상황이다.

이들 공장에 일거리가 없다는 말이 아니다. 그러나 '하청'이라는 특수한 산업구조 때문에 이들에게는 납품 가격을 결정할 수 있는 권한이 없다. 대기업에 의해 일방적으로 가격이 결정된다.

문제는 대기업의 요청 가격이 이미 중소형 제조공장이 감당할 수 있는 범위를 훨씬 초과했다는 사실이다. 아무리 경영 합리화를 추구하더라도 당장 비용을 줄이는 데는 한계가 따르는 법. 공장 기계를 24시간 풀가동시켜야 간신히 적자를 면한다.

제품의 판매가격에는 감가상각비와 인건비 등을 포함시키는 것이 당연한 일이다. 하지만 대기업이 정한 가격으로는 모든 비용을 충당하기 어렵다.

잠 한숨 못자고 24시간 꼬박 일해야 겨우 공장을 유지할 수 있고 최소한의 이익을 얻을 수 있다. 만일 이 상태가 지속된다면 차세대 기술자 양성의 꿈은 점차 멀어질 것이다.

종종 이렇게 묻는 사람들이 있다.

"그렇게 상황이 어렵나요? 조금만 더 노력하면 어떻게든 비용을 절감할 수 있지 않나요?"

현실을 모르고 하는 소리이다. 하청업체는 지금 마른 수건을 쥐어짜며 간신히 버티고 있다.

대기업은 호황이든 불황이든 늘 하청업체에 비용절감을 요구한다. 하지만 매년 원자재 가격은 껑충 뛴다. 콜릿 척의 재료인 베어링 특수강만 해도 3년 전보다 2배나 올랐다.

가격을 올려도 모자랄 판에 대기업은 오히려 더 당당하게 가격인하를 요구한다. 그나마 에이원정밀이 지금까지 버틸 수 있었던 것은 재료비의 비중이 그리 높지 않았기 때문이다. 만일 이익 폭이 적은 회사였다면 이미 문을 닫고 말았을 것이다.

중소형 제조업체는 더 이상 물러설 곳이 없다. 또한 필사적으로 합리화를 추구해봤자 이익창출은커녕 대기업의 비용절감 요구만 거세진다. 이대로라면 중소형 제조공장은 흔적도 없이 사라지고 말 것이다.

어디까지나 나의 추측이지만 이미 중소형 제조공장의 절반은 폐업 직전에 놓여 있다. 만일 아무런 대책을 강구하지 못한다면 중소형 제조공장은 물론 대기업, 나아가 수출산업 전체도 쇠퇴할 것이 자명하다.

마치코바가 없으면
모노즈쿠리도 없다

　중소형 제조공장이 처한 문제를 대수롭지 않게 여기는 사람들
도 종종 있다.

　"더 이상의 비용절감이 불가능하다면 중국이나 동남아시아의
공장들을 활용하면 되지 않겠는가. 단지 공동화 현상이 초래될
뿐 그 때문에 대기업이 곤란에 처한다는 생각은 지나친 비약이다."

　심지어 중소 제조업체에서 납품을 받고 있는 대기업 경영자조
차 그렇게 생각하는 것 같다.

　이는 엄청난 착각이다. 단언컨대 국내 대기업이 중소형 제조공

장에 요구하는 동일한 품질과 가격, 납기일을 지킬 수 있는 곳은 그 어디에도 없다. 자국의 하청업체들이 제품을 납품하기 위해 얼마나 엄격히 품질을 관리하는지 아는가. 1만 개 가운데 불량품이 1개라도 발견되면 품질 관리 담당자가 불같이 화를 낸다. 이 때문에 납품 업체는 대기업이 수주검사 없이 그대로 제조 라인에 투입할 수 있을 만큼 꼼꼼하게 제품을 만든다. 이런 조건을 맞출 수 있는 회사나 공장은 중국과 대만 그 어디에도 없다.

일본의 제조 기술은 세계 최고 수준이다. 우리만큼 정교한 기술력을 보유한 나라는 없다. 물론 앞으로 기술적 차이가 좁혀지기는 하겠지만 역전은 쉽지 않은 일이다. 그만큼 모노즈쿠리, 즉 우리의 제조 능력은 단연 최고이다.

과거 16세기 포르투갈에서 철제 대포가 들어왔을 당시에도 일본인은 도면은 물론 가공 선반도 없는 상황에서 똑같은 대포를 만들어냈다.

한편 최근에는 개발도상국이라 불리던 나라의 제조업이 급속히 발전하고 있다. 그러나 국내 제조업체가 중국산 공작 기계를 도입했다는 이야기는 들어보지 못했다. 비슷한 수준의 제품이라면 벌써 도입하고도 남았을 텐데, 아직까지는 품질과 정교함에서 뒤처지는 모양이다. 일례로 가장 초보적인 드릴 공구조차 엄연한 수준 차이가 존재한다.

 따라서 국내 대기업이 해외로 공장을 이전한다고 해도 원재료를 비롯한 공구와 설비, 경우에 따라서는 생산 기계의 기름까지 자국의 제품을 사용해야 할지 모른다. 국내에서 생산하는 것과 무엇이 다른가.

"해외에서 생산하면 그만큼 인건비가 절약된다."

 이렇게 말하는 사람도 있다. 하지만 실제로는 그렇지 않다.

 앞서 언급한 바와 같이 제조업 분야에서 일본인의 능력은 상당히 뛰어나다. 외국인에게 자국인만큼의 뛰어난 이해 능력과 주의력, 세심함 등을 기대하기 어렵다. 외국인 근로자의 생산성은 매우 낮은 편이며 제품 완성도 또한 상당히 낮다. 해외에서는 근로자 한 명이 한 가지 일만 한다. 그러나 국내에서는 한 명이 여러 가지 일을 동시에 진행한다. 같은 작업을 하더라도 일본에서보다 더 많은 인원이 필요하다.

 이런 점을 고려하면 해외 공장에서 비용절감이 가능한 분야는 식품가공과 봉제, 전기 제품 조립 등 단순 노동을 통한 대량 생산에 국한된다. 프레스 가공이나 자동선반 가공과 같이 복잡하고 높은 품질이 요구되는 다품종 소량 생산의 업무는 국내의 중소형 제조공장에 의뢰하는 것이 훨씬 이득이다.

과거에 절삭가공 분야에서 활동하는 해외 경영자들을 초대하여 공장을 시찰하고 의견을 교환하는 자리를 마련한 적이 있다. 당시 대만의 한 사업자가 내게 물었다.

"이렇게 정교한 제품을 더구나 이렇게 싸게 생산할 수 있다니 도대체 비결이 무엇입니까?"

어떤 경영자는 또 이렇게 말했다.

"일본 제조업체에 납품하려면 검사 기준이 너무 까다로워서 힘들어요. 그에 비해 단가는 너무 낮죠. 그래서 주문을 받고 싶은 생각이 안 들어요."

지금까지 우리는 자국 제조업체의 제품은 비싸고 해외 제품은 싸다고 여겨왔다. 그러나 이는 착각에 지나지 않는다. 국내 중소형 제조공장이 문을 닫아도 중국이나 동남아시아로 공장을 이전하면 된다는 생각은 따라서 어불성설이다. 만일 중소형 제조공장이 사라진다면 국내 제조업은 공동화 정도가 아니라 아예 흔적도 없이 사라지고 말 것이다.

03

중소기업끼리
가격경쟁을 벌이면 안 된다

   사실 대기업은 중소형 제조업체가 사라지면 자신도 사라질 수밖에 없다는 사실을 누구보다도 잘 알고 있다. 1985년 플라자 합의를 계기로 일본은 엔고현상에 몸살을 앓았다. 당시 대다수의 대기업은 엔고 영향을 줄이기 위해 생산 거점을 해외로 이전했다. 하지만 해외에서 만드는 제품은 기대 이하였다. 궁여지책으로 대기업은 하청업체, 즉 중소형 제조업체를 반강제적으로 해외로 이주시켰다.

   국내 중소형 제조공장은 자사의 기술력에 자신감을 가져도 된다. 단언컨대 우리 제조업은 세계 최고 수준이다. 기술력과 가격, 품질 모든 면에서 우수하다. 다만 한 가지 아쉬운 점이 있다면 경영자가 이익에 집착하지 않는다는 사실이다.

자신의 이익을 희생하면서까지 대기업의 무리한 요구를 들어주는 이유는 무엇인가. 한 번 거절하고 나면 두 번 다시 기회를 얻지 못하리라는 두려움 때문이다. 주문은 일시적으로 소강상태에 빠질지 모른다. 그러나 기다리면 반드시 되돌아온다. 해외에서는 국내 중소형 제조공장을 대신할 만한 곳이 한 군데도 없기 때문이다.

국내 제조업체 종사자들도 문제는 있다. 절대 가격경쟁에 나서면 안 된다. 다른 회사가 수지가 맞지 않아서 못 만들겠다고 하면 옆 회사도 거절해야 한다. 당장 일거리가 없다는 이유로 이익도 남지 않는데 단가를 낮추면 게임에서 지게 된다.

100원 하던 제품을 한 번 80원으로 떨어뜨리면 가격은 영원히 80원으로 굳어진다. 가격 질서를 무너뜨리는 행동은 자신을 포함한 다른 제조업체까지 다 같이 불행에 빠뜨리는 지름길이다.

과거에 고객사 가운데 한 회사가 가격을 트집 잡은 적이 있었다.

"여기서 16만 원에 파는 제품을 다른 회사에서는 8만 원에 판다

네요. 가격을 좀 내리주지요?"

우리는 일언지하에 거절했다.

"그럼, 그 회사 제품을 사세요."

16만 원은 에이원정밀이 흘린 피땀의 결실이다. 절반에 해당하
는 가격으로 동일한 제품을 생산하기는 불가능하다.

아니나 다를까. 8만 원짜리 제품은 품질에 문제가 생겨 생각만
큼 많이 팔리지 않았다. 또한 이익이 남지 않아 곧바로 가격을 올
렸지만 어떤 고객도 가격 인상을 수긍해주지 않았다.

하청업체는 약자일 수밖에 없다. 따라서 다른 하청업체와 단결
하여 대기업에 납품 적정가를 요구해야 한다. 목수나 수리공처럼
표준임금과 수리비용을 스스로 결정하지 못하면 이대로 주저앉
을지도 모른다. 이제는 목소리를 내야 할 때가 왔다.

04

이민자를 받아들여야 한다

청년들의 일하려는 의욕과 능력이 점차 떨어지고 있다고 하는데 사실은 그렇지 않다. 문제는 중소형 제조업체가 젊은이들을 사로잡을 만한 근무 조건과 환경을 마련해주지 못하기 때문이다.

출산율의 하락으로 근로자 수는 해마다 감소하고 있다. 저출산 고령화는 앞으로 더욱 가속화될 것이고 이로 인해 중소형 제조공장의 인력난은 더욱 심각해질 것이다.

그렇다고 해결책이 없는 것은 아니다. 국내 제조업체에서 일하고 싶어 하는 외국인 근로자가 많다. 이들을 받아들이면 된다.

현재 국내 기업은 단체를 통해 외국인 연수생을 고용하고 있다. 기업의 사원 수에 따라 50명 이하의 직장은 3명, 51~100명 직장은 6명, 101~200명 직장은 10명, 201~300명 직장은 15명으로 고용을 제한한다.

에이원정밀은 사원 수가 100명 미만이기 때문에 6명의 외국인 연수생을 고용할 수 있다. 현재 야마나시 공장에는 중국인 연수생이 에이원정밀의 사원과 함께 근무하고 있다. 물론 연수생을 무한정 늘릴 수는 없는 법이다. 그러나 인력난에 허덕이는 중소기업을 고려한다면 문턱을 조금 낮춰도 좋을 것이다. 근로자라는 측면에서 보면 국적이 어디든 무슨 상관이랴.

에이원정밀은 지금까지 20여 명의 중국인 연수생을 고용했고 모두 강인한 인내심과 참을성을 바탕으로 성실히 일했다. 칼날 연마와 같은 작업은 일본인 근로자보다 오히려 중국인 근로자에게 더 적합해 보일 정도였다.

외국인 연수생은 국내 제조업에 소중한 노동력을 제공한다. 또한 본국에서보다 높은 임금을 받으며 기술을 익힐 수 있어 연수를 희망하는 사람도 많다. 외국인 연수생 제도는 인력을 수입하는 나라나 수출하는 나라 서로에게 이득이 되는 상생의 길이다. 따라서 외국인 근로자에 대한 규제를 완화해도 좋을 것이다.

물론 반대의 목소리가 없는 것은 아니다. 특히 외국인 근로자의 규제를 완화하면 국내 제조업 기술이 유출될 것이고, 그렇다면 우리가 선점하고 있던 시장이 중국이나 동남아시아와 같이 노동력이 싼 곳으로 넘어가게 될지도 모른다고 우려하는 사람들이 있다.

그 걱정을 모르는 바 아니다. 그러나 내 경험에 비추어보면 그런 일은 절대로 일어나지 않을 것이다.

꽤 오래 전 일이다. 대만의 제조업체 경영자와 토론을 벌인 적이 있었다. 당시 그들은 입을 모아 이렇게 말했다.

"일본의 절삭가공 기술력은 대단합니다. 어떻게 10만 개 가운데 단 1개의 불량품도 없을 수 있죠?"

당시 에이원정밀의 기술과 노하우를 감출 생각이 전혀 없었던 나는 그들에게 공장 견학을 시켜줬다. 그리고 기계며 공구며 하나에서 열까지 일일이 설명하고 공개했다. 그로부터 10년이 넘은 지금, 나는 대만이 우리와 동일한 품질의 제품을 만들 수 있게 됐다는 뉴스를 듣지 못했다.

이유는 분명하다. 기술 방법과 노하우를 알더라도 작업하는 사람의 능력이 다르기 때문에 품질 상에 차이가 난다. 그렇다고 외국인 근로자는 능력이 떨어지고 일본인이 우수하다는 뜻이 아니다. 일본인은 원래부터 제품을 생산하는 제조업에 적합한 민족성을 갖고 있다. 그래서 다른 나라 사람들이 일본과 똑같은 제품을 만들기 어렵다. 아시아 국가 중에서 그나마 대만과 한국이 좋은 제품을 생산하고 있지만 아직까지 일본 제품의 정교함을 능가하지는 못한다.

최근 조선업 분야에서 한국이 일본을 추월하고 있지만 이 분야에서 사용되는 터빈 등의 복잡한 부품은 아직도 일본의 IHI 코퍼레이션(구 이시카와지마하리마 중공업)에서 생산한 제품을 사용하고 있다. 또한 '세계의 공장'인 중국의 제조업 수준은 대만과 한국보다도 낮다. 단순 공정의 대량 생산은 그나마 나은 편이지만 일본 기업의 요구에 부합할 수 있는 정밀 기계는 생산이 불가능하다.

외국인 근로자를 통해 핵심기술이 유출되는 것은 기우에 지나지 않는다. 의욕이 넘치는 외국인 근로자가 더 많이 들어와 국내 중소형 제조공장에 활기를 불어넣어 준다면 이보다 좋은 일이 어디 있겠는가. 문제는 일본인이 아무리 제조업에 적합한 민족성을 갖고 있다 해도 우수한 인재가 제조업 분야에 흡수되지 않는다면 기술과 노하우를 이어나갈 인력 부족은 피할 수 없을 것이다.

가까운 대만에서는 고학력의 우수한 인력이 점차 제조업 분야로 유입되고 있다고 한다. 정부와 국민은 힘을 합쳐 외국인 근로자에 대한 규제를 완화하고 젊은 인력을 사로잡을 수 있는 매력적인 직장 환경을 조성해야 한다. 그렇지 않으면 '제조업의 왕국'인 일본은 그 빛을 잃고 어쩌면 1등자리마저 내줘야 할지 모른다. 덧붙여 나는 국내 제조업을 위해 할 수 있는 일이 있다면 최선을 다할 것이다.

우메하라 재단,
사람을 남기는 삶을 꿈꾸며

"당신은 세상을 떠나기 전에 무엇을 남길 것인가? 재산을 남기는 것은 하, 업적을 남기는 것은 중, 사람을 남기는 것은 상이다."

의미 있는 명언이다.

유년 시절 나는 하루하루의 끼니를 걱정해야 할 만큼 무척 가난했다. 다행히 지금은 사업에 성공하여 어느 정도 저축도 하고 마음 편히 살고 있다. 지금보다 더 부자가 되고 싶은 생각은 없다. 자식들도 내가 재산을 물려줄 것이라고 기대하지 않는다.

또한 내게는 명예와 훈장도 필요 없다. 그저 지금까지 모아둔 돈을 제조업 분야에서 열심히 일하는 성실한 청년을 위해, 차세대 기술자 양성을 위해 바치고 싶을 뿐이다.

지금 이렇게 배불리 살 수 있는 것은 모노즈쿠리, 즉 제조업이 살아 있었기 때문이다. 이제는 내가 모노즈쿠리의 발전을 위해 나설 차례라고 생각한다. 그래서 최근에 사이타마 현의 '제조업 대학' 등 몇 곳에 후원을 고려중이다.

또한 몇 번이나 언급했지만 국내 중소형 제조공장은 '하청업체'라는 불리한 입장에 처해 있다. 항상 대기업이 제시하는 가혹한 조건에 맞춰 비용을 깎아야 한다. 대개는 감가상각비도 계상할 수 없을 만큼 힘겨운 상황을 보내고 있다.

이제는 개별적인 노력만으로는 버틸 수 없는 지경에 이른 것은 아닐까 싶다. 하청업체로서의 힘겨운 사투는 국내 제조업의 구조적인 문제로 국가와 재계가 나서서 해결해야 한다. 동시에 중소형 제조공장은 서로 협력하고 단결해야 한다.

사업을 시작한 뒤로 지금까지 동종업자가 서로 힘을 모아 구조적 문제점을 개선해야 한다고 주장해왔지만 사실 나조차도 회사를 돌보느라 시간을 할애할 수 없었다. 이제 경영자 자리에서 물러나 시간적으로 여유로워졌으니 앞으로 이 문제에 대해 적극적으로 활동할 계획이다.

우선 재단을 하나 설립할 예정이며 현재 준비 작업에 들어간 상태이다. 내가 모은 자산으로 운영비를 충당하기 때문에 몇 천억 원대의 재단은 불가능하다. 그러나 방법만 잘 마련한다면 얼마든지 큰 성과를 달성할 수 있으리라 기대한다. 다만 내가 세울 재단은 자금이 바닥나거나 내가 죽게 되면 해체될 것이다. 회사와 마찬가지로 자식이나 친척에게 물려줄 생각은 전혀 없다. 만일 자금이 남는다면 죽기 전에 모두 사회에 기부할 것이다.

앞으로 몇 년을 더 살지 모르겠다. 만일 10년 정도 더 허락된다면 그동안 중소형 공장을 둘러싼 환경 개선을 위해 조금이나마 힘을 보태고 싶다. 만일 내 삶의 방식과 사고방식이 옳다면 내가 설립할 재단이 이 사회에 큰 힘이 될 것이라 굳게 믿는다.

우메하라 제조업 재단(가명)의 설립 취지

1. 본 재단은 장래에 제조업 분야에서 근무하길 희망하고 금전적인 도움이 필요하다고 판단된 학생에게 장학금을 제공한다.
2. 본 재단은 절삭가공 분야 및 기계가공 업계의 처우 개선 등을 목적으로 단체를 설립할 경우 그에 필요한 자금을 제공한다.

기술의 맥이
끊어져서는 안 된다

최근 어느 대학에 초청되어 대학생과 이야기를 나눌 기회가 있었다. 이후 몇몇 학생이 더 많은 얘기를 듣고 싶다며 연락을 해왔다. 어떤 친구는 에이원정밀이 어떤 곳인지 방문하고 싶다는 의사도 표시했다.

몇 년 전까지만 해도 대학생들은 대부분 IT나 금융권에서 성공한 젊은 청년 사업가에게 관심이 많았다. 하지만 이야기를 나누어 보니 대학생의 의식이 변화하고 있음을 느낄 수 있었다.

실제로 2007년 11월에 시즈오카 현에서 열린 '유니버설 기능올림픽 국제대회'에서 일본은 전 대회보다 무려 11개나 더 많은 16개의 금메달을 획득, 당당히 세계 1위에 올랐다. 국내 제조업 분야는 결코 활력을 잃지 않았다.

문제는 청년들로 하여금 제조업에 관심을 갖도록 할 만한 근무 환경이 조성되어 있지 않다는 데 있다. 지금은 어느 공장에 가더라도 젊은 사원의 모습을 발견하기 어렵다. 간혹 젊은 사원이 있는 현장에 가보면 대부분 경영자의 아들이거나 친척인 경우가 많다. 이것이 바로 국내 제조업의 현실이다.

그러나 젊은 인력이 충원되지 않으면 국내 제조업은 지금까지 축적해온 기술과 노하우를 이어갈 수 없다. 이는 국가적으로도 큰 손실이 아닐 수 없다. 제조업 분야에서 장인 기술자가 되려면 적어도 10년이라는 긴 시간이 걸린다. 금형 제작과 같이 마지막 단계에서 손끝의 감각에 좌우되는 작업은 더욱 많은 시간이 필요하다. 중소형 제조공장이 아직 버티고 있는 지금 당장 차세대 기술자 양성을 시작해야 한다.

내가 누누이 이익 창출을 강조하는 이유는 회사를 유지하기 위해서가 아니다. 기술력과 노하우를 다음 세대에 전하는 데 필요하기 때문이다. 현재 대기업이 누리는 이익은 하청업체의 뼈를 깎는 노력 덕분이다. 결코 정상적인 상황에서 창출된 이익이 아니다.

중소형 제조공장이 정상적으로 이익을 창출할 수 있게 된다면 기술과 노하우를 이어갈 차세대 기술자 양성에 여유도 생길 것이고, 하청업체가 튼튼해야 대기업도 체력을 강화하여 서로 함께 성장할 수 있을 것이다. 그리고 이를 토대로 국내 제조업도 보다 큰 발전을 이룰 수 있다. 나는 마지막으로 내 남은 인생을 국내 제조업을 위해 바치고 싶다.

일본에서 가장 수익율 높은 공장 에이원 이야기

초판 1쇄 발행 2011년 3월 15일
초판 4쇄 발행 2019년 7월 22일

지은이 우메하라 가쓰히코
펴낸이 정덕식, 김재현
펴낸곳 (주)센시오

출판등록 2009년 10월 14일 제300-2009-126호.
주소 서울 은평구 진흥로67 (역촌동, 5층)
전화 02-734-0981
팩스 02-333-0081
메일 nagori2@gmail.com

ISBN 978-89-963482-8-3 03320

평사원으로 시작해 매출 8조 엔의 세븐&아이홀딩스를 일군
스즈키 도시후미의 성공 전략

스즈키 도시후미
1만 번의 도전

오가타 도모유키 편저 | 김정환 옮김 | 256쪽

"정상에 오르기 위해서는 우리를 아래로 잡아당기는 중력과 싸워 이겨야 한다."
일본에서 가장 영향력 있는 비즈니스 리더(니케이신문)에 선정된 스즈키 도시후미. 그가 '죽어라고 일하지만 늘 제자리를 맴도는 위기의 현대인에게' 제시하는 자기 혁신 방법이다.
이 책은 스즈키 도시후미가 자사 직원을 대상으로 30년간 매주 진행한 강의를 묶은 것으로 그는 또 하나의 스즈키 도시후미를 육성하기 위해 지금까지 1,300회 이상의 강의를 진행했다. 오늘날 아시아 1등 유통업체 세븐&아이홀딩스는 이 강의가 배출한 인재들에 의해 지탱되고 있다고 해도 과언이 아니다. 그는 이 책에서 '성공 기억 상실증에 걸릴 것'을 요구하며 업무 혁신을 위한 그의 노하우를 전수한다.

삼국지 11대 명장면을 통해 현대 경영전략의 핵심을 파헤치다

삼국지가
경영전략에
답하다

에구치 요코, 요시다 카즈미 지음 | 방성철 옮김 | 256쪽

〈삼국지〉의 빛나는 전략들은 오늘날 기업들의 전쟁에서 되풀이된다.
삼성을 꺾은 엘피다메모리, 제록스를 무너뜨린 캐논, 내비게이터를 쓰러뜨린 익스플로러, NTT를 뛰어넘은 교세라 등 세계적인 대기업들 가운데는 남보다 늦게 시장에 뛰어들었으나 상대가 지닌 약점을 추궁하는 동시에 남이 따라올 수 없는 강점을 내세워 승리를 거둔 곳이 많다. 그들은 제갈공명처럼 핵심을 파고드는 전략으로 모자란 자원을 만회하며 방심에 빠진 공룡을 무너뜨렸다.
〈하버드 비즈니스 리뷰〉에 소개되며 전 세계 기업에 영향을 끼친 전략 이론의 핵심을 〈삼국지〉를 통해 설명한다.